Don Bosco

Martin Göth / Rolf Krenzer

Lasst uns gehn nach Betlehem

mit Illustrationen
von Petra Lefin

Krippenspiele für Kita,
Schule und Gemeinde

Don Bosco

Bibliografische Information der Deutschen Nationalbibliothek

Die Deutsche Nationalbibliothek verzeichnet diese Publikation in der Deutschen Nationalbibliografie; detaillierte bibliografische Daten sind im Internet über http://dnb.d-nb.de abrufbar.

ISBN 978-3-7698-1639-6
1. Auflage 2007

Illustrationen: Petra Lefin
Umschlag: Marion Wehrmann unter Verwendung einer Illustration von Petra Lefin
Notensatz: Nikolaus Veeser, Schallstadt
Lektorat: UNGER-KUNZ. Lektorat und Redaktionsbüro, Undorf
Gesamtherstellung: Don Bosco Druck & Design, Ensdorf

Gedruckt auf umweltfreundlichem Papier

Inhalt

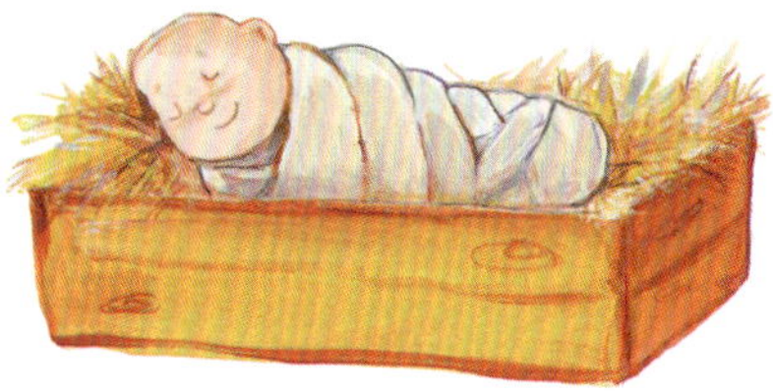

Vorwort

Jahr für Jahr gehören Krippenspiele zu den Aufführungsarten, die sowohl von Kindergärten und Grundschulen als auch für das gottesdienstliche Feiern in der vorweihnachtlichen Adventszeit am meisten nachgefragt werden.
Dabei sind die Anforderungen an solche Spiele ganz unterschiedlich. Für die weihnachtliche Feier im Gottesdienst oder in der Kinderkrippenfeier am Nachmittag des 24. Dezember wird nach Spielen gesucht, an deren Gestaltung sich jüngere und ältere Kinder ebenso intensiv beteiligen können wie Erwachsene. Oft wird auch gewünscht, dass die Gemeinde das Krippenspiel mit einem oder zwei Liedern vom Zuschauerraum aus begleiten kann. Für die Kinderkrippenfeier in der Pfarrei möchte man zudem auf Spiele zurückgreifen können, die sich mit wenig Probenaufwand leicht umsetzen lassen und für alle Mitspieler und Zuschauer einen starken Erlebnisgehalt aufweisen.
Die Krippenspiele bei Weihnachtsfeiern in der Grundschule können schon relativ aufwendig mit Kulissen, Kostümen und Spielutensilien ausgestattet werden und umfangreichere Spieltexte beinhalten. Die Angebote für die Jüngsten in Kindergärten sollten dagegen so einfach gestaltet sein, dass sie gegebenenfalls sofort in ein spontanes Spiel umgesetzt werden können, an dem sich alle beteiligen.
Gerade bei diesen einfacheren Krippenspielen für das früheste Spielalter hat sich der zusätzliche Einsatz eines Sprechers bewährt, der die Kinder mit seiner Erzählung zum Spielen anleiten kann. Ebenfalls sehr gut geeignet sind in diesem Zusammenhang Lieder, welche die Weihnachtsgeschichte oder Teile daraus erzählen. Sie können von allen gesungen werden, und die kleinen Darsteller können dazu agieren und so mit ihrem Spiel die Weihnachtsgeschichte lebendig werden lassen.
Die vorliegende Sammlung von neuen Krippenspielen umfasst eine große Bandbreite an unterschiedlichen Spielmöglichkeiten und -variationen für jeden Anlass und jede Altersstufe – ein Schatz, der nur darauf wartet, von Ihnen entdeckt und umgesetzt zu werden!

Martin Göth und Rolf Krenzer (†)

Das Weihnachtsevangelium nach Lukas

(Lk 2,1 - 20)

1 In jenen Tagen erließ Kaiser Augustus den Befehl, alle Bewohner des Rei-
ches in Steuerlisten einzutragen.

2 Dies geschah zum ersten Mal; damals war Quirinius Statthalter von Syrien.

3 Da ging jeder in seine Stadt, um sich eintragen zu lassen.

4 So zog auch Josef von der Stadt Nazareth in Galiläa hinauf nach Judäa
in die Stadt Davids, die Betlehem heißt; denn er war aus dem Haus
und Geschlecht Davids.

5 Er wollte sich eintragen lassen mit Maria, seiner Verlobten, die ein Kind
erwartete.

6 Als sie dort waren, kam für Maria die Zeit ihrer Niederkunft,

7 und sie gebar ihren Sohn, den Erstgeborenen. Sie wickelte ihn in Windeln
und legte ihn in eine Krippe, weil in der Herberge kein Platz für sie war.

8 In jener Gegend lagerten Hirten auf freiem Feld und hielten Nachtwache
bei ihrer Herde.

9 Da trat der Engel des Herrn zu ihnen und der Glanz des Herrn umstrahlte
sie. Sie fürchteten sich sehr.

10 Der Engel aber sagte zu ihnen: „Fürchtet euch nicht, denn ich verkünde
euch eine große Freude, die dem ganzen Volk zuteil werden soll:

11 Heute ist euch in der Stadt Davids der Retter geboren; er ist der Messias,
der Herr.

12 Und das soll euch als Zeichen dienen: Ihr werdet ein Kind finden, das, in
Windeln gewickelt, in einer Krippe liegt."

13 Und plötzlich war bei dem Engel ein großes himmlisches Heer, das Gott
lobte und sprach:

14 „Verherrlicht ist Gott in der Höhe und auf Erden ist Friede bei den Men-
schen seiner Gnade."

15 Als die Engel sie verlassen hatten und in den Himmel zurückgekehrt waren, sagten die Hirten zueinander: „Kommt, wir gehen nach Betlehem, um das Ereignis zu sehen, das uns der Herr verkünden ließ."

16 So eilten sie hin und fanden Maria und Josef und das Kind, das in der Krippe lag.

17 Als sie es sahen, erzählten sie, was ihnen über dieses Kind gesagt worden war.

18 Und alle, die es hörten, staunten über die Worte der Hirten.

19 Maria aber bewahrte alles, was geschehen war, in ihrem Herzen und dachte darüber nach.

20 Die Hirten kehrten zurück, rühmten Gott und priesen ihn für das, was sie gehört und gesehen hatten; denn alles war so gewesen, wie es ihnen gesagt worden war.

Krippenspiele für die Kleineren

Auf dem Weg nach Betlehem

Martin Göth

Allgemeines:
Dieses Krippenspiel ist in Anlehnung an das Weihnachtsevangelium nach Lukas (Lk 1,26 – 50; 2,1 – 20) gestaltet.

Darsteller:	Erzähler/in, Josef und Maria, Elisabeth
	1 Bote des Kaisers (evtl. mit ein paar Soldaten)
	5 Sprecher-Hirten, evtl. eine kleine Schafherde
	1 Wirt und 1 Wirtin
	1 Sprecher-Engel sowie eine große Engelsschar
Requisiten:	eine Krippe mit Jesuspuppe
	2 Stühle als Sitzgelegenheiten für Josef und Maria
	eine Schriftrolle für den Boten des Kaisers
	kleine Geschenke der Hirten
Aufstellung:	In der Mitte der Bühne bzw. des Altarraums wird die Krippe aufgestellt, links und rechts davon befinden sich die zwei Sitzgelegenheiten für Josef und Maria.

2 Wirtshäuser, die von den Kindern auf großformatige Kartons aufgemalt oder von je zwei Schülern oder Erwachsenen angedeutet werden können. Dazu stellen sich die zwei Personen einander gegenüber auf, nehmen sich an den Händen und halten diese Form eines Daches in die Höhe.

1. Szene: Der Engel verkündet Maria, dass sie Gottes Sohn zur Welt bringen wird

Erzähler/in: Vor langer Zeit lebte Maria in der Stadt Nazareth.
Sie war mit Josef verlobt.
Beide waren arme, einfache Leute.

Währenddessen kommt Maria. Sie setzt sich hin.

Da schickt Gott einen Engel zu Maria. Er soll ihr eine Botschaft überbringen. Der Engel tritt bei Maria ein.

Der Engel tritt auf und kommt zu Maria.

Engel: Sei gegrüßt Maria, du Begnadete!

Maria: Wer bist du?

Engel: Ich bin ein Bote Gottes.
Fürchte dich nicht, Maria.
Du hast bei Gott Gnade gefunden.

Maria: Was willst du von mir?

Engel: Gott hat Großes mit dir vor.
Du wirst ein Kind empfangen.
Dem sollst du den Namen Jesus geben.
Er wird Sohn des Höchsten genannt werden.

Maria: Ich bin die Magd des Herrn.
Es soll geschehen, wie du gesagt hast.

Der Engel geht.

Erzähler/in: Maria ist voll Freude. Sie macht sich auf den Weg zu Elisabeth. Lange ist sie unterwegs. Doch dann kommt sie bei Elisabeth an. Von Weitem sieht sie Elisabeth. Elisabeth geht ihr ein paar Schritte entgegen.

Maria geht von der Bühne bzw. dem Altarraum ab. Während sie sich einige Schritte entfernt, tritt Elisabeth auf und erwartet die nun zurückkehrende Maria.

Elisabeth:	Gesegnet bist du, Maria, denn du hast Gnade bei Gott gefunden.
Maria:	Meine Seele preist die Größe des Herrn und mein Geist jubelt über Gott, meinen Retter. Gott hat Großes an mir getan, er vollbringt machtvolle Taten.
Elisabeth:	Ja, Maria, Gott ist groß, bei ihm ist alles möglich. Auch ich darf in meinem hohen Alter noch ein Kind erwarten. Komm herein und erzähle mir.

Beide gehen hinter die Bühne bzw. zur Seite in der Kirche ab.

Erzähler/in:	So war Maria bei Elisabeth. Bald kehrt sie zurück nach Nazareth. Nachdem sie auch Josef, ihrem Verlobten, von der Begegnung mit dem Boten Gottes erzählt hat, ist dieser voll Freude, und er unterstützt Maria, wo es nur geht.

2. Szene: Die Soldaten des Kaisers kommen nach Nazareth

Erzähler/in:	Da kommen Soldaten des Kaisers nach Nazareth.

Auftritt der Soldaten und des Boten.

	Die Leute strömten zusammen, um zu hören, was der Kaiser ihnen sagen will.

Von allen Seiten kommen Menschen, Hirten und auch Josef und Maria.

Josef:	Das kann nichts Gutes bedeuten, wenn die Soldaten des Kaisers kommen.
1. Hirte:	Wahrscheinlich will er wieder mehr Geld von uns.
2. Hirte:	Das wäre nichts Neues, dass die Politik von uns Geld einfordert, selber in Luxus lebt und sich nicht darum schert, wie es uns kleinen Leuten geht.
3. Hirte:	Ja, so ist es schon immer gewesen und so wird es immer sein.
Bote:	Leute, hört mir zu! Ich bringe Nachricht vom Kaiser. Jeder muss in die Stadt gehen, in der er geboren ist, um sich dort eintragen zu lassen.

Josef *(zu Maria)*: Maria, da müssen wir nach Betlehem. Das wird ein weiter Weg.

Maria: Ach Josef, Gott ist mit uns. Gemeinsam schaffen wir das schon.

Die Boten, die Hirten und alle anderen Menschen ziehen ab. Josef und Maria suchen ein paar Sachen zusammen.

3. Szene: Maria und Josef auf Herbergssuche

Erzähler/in: Die Boten des Kaisers ziehen weiter.
Die Menschen gehen zurück in ihre Häuser,
um sich auf die Reise vorzubereiten.
Auch Josef und Maria suchen ein paar Sachen zusammen.
Dann brechen sie auf. Sie sind schon eine Zeit lang unterwegs, da wird das Gehen für Maria schwer.

Maria: Josef, lass uns ein wenig ausruhen.
Der Weg ist weit und schwer.

Josef: Maria, wir haben es gleich geschafft.
Sieh nur, da vorne ist eine Bleibe.
Ich werde klopfen und um Quartier fragen.

Maria und Josef gehen zum ersten Wirtshaus. Josef klopft an und der Wirt kommt heraus.

Wirt: Wer klopft noch zu so später Stund?

Josef: Guter Mann, wir suchen ein Quartier.
Sieh nur, meine Frau erwartet ein Kind
und wir sind schon den ganzen Tag unterwegs gewesen.

Wirt: Es tut mir leid.
Meine Zimmer sind alle besetzt.
Versucht es bei einer anderen Herberge.

Erzähler/in: So gehen Josef und Maria weiter. Da kommen sie zu einem weiteren Wirtshaus. Josef klopft an.

Maria und Josef gehen zum zweiten Wirtshaus. Josef klopft an und die Wirtin kommt heraus.

Josef: Bitte nehmt uns auf.
Meine Frau ist schon völlig erschöpft von der langen Reise.

Wirtin: Kein Platz mehr frei. Tut mir leid.
Ihr könnt in meinem Stall unterkommen.
Da habt ihr wenigstens ein Dach über dem Kopf.

Maria: Vielen Dank. Ihr seid so gut zu uns.
Der Herr wird es euch vergelten.

Erzähler/in: So kommen Josef und Maria zu einem armseligen Stall.
Dort wird Marias Kind geboren.
Sie wickelt es in Windeln und legt es in die Krippe.

Josef und Maria kommen zum Stall. Sie setzen sich und legen die Jesus-Puppe in die Krippe.

4. Szene: Die Engel bei den Hirten auf dem Feld

Erzähler/in: In dieser Nacht halten Hirten Wache bei ihrer Herde. Es ist eine sternenklare Nacht und die Schafe sind unruhig.

Die Hirten treiben ihre Schafe auf die Bühne bzw. in die Kirche. Die Schafe sind unruhig. Die Hirten beruhigen ihre Schafe. Als diese ruhig geworden sind, setzen sich die Hirten zu ihnen.

1. Hirte: Was ist heute nur los?
Die Schafe sind so unruhig.

2. Hirte: Auch ich spüre, dass dies eine ganz besondere Nacht ist.

3. Hirte: Was soll denn schon Besonderes sein?
Ich glaube, ihr habt eine zu blühende Fantasie.

4. Hirte: Doch, es ist anders als sonst.

5. Hirte: Ja, es ist heller.

Läuten mit den (Ministranten)glocken. Die Engel treten auf und kommen zu den Hirten. Sie stellen sich hinter ihnen im Halbkreis auf.

1. Hirte: Was ist das für ein Läuten?

2. Hirte: Die Nacht wird immer heller.

3. Hirte: Tatsächlich. Es ist hell wie am Tag.

4. Hirte: Seht nur, da kommen Engel zu uns aufs Hirtenfeld.

5. Hirte: Was werden sie uns verkünden?

Der Oberengel tritt vor:

Oberengel: Fürchtet euch nicht.
Ich verkünde euch eine große Freude.
Heute ist in Betlehem der Retter der Welt geboren.
Es ist Gottes Sohn. Geht und seht selbst!

Alle Engel: Ehre sei Gott in der Höhe!
Und Friede den Menschen auf Erden.

Erzähler/in: Die Engel verlassen die Hirten.

Die Engel gehen langsam hinter die Krippe und stellen sich dort im Halbkreis auf.

Voll Freude stehen die Hirten auf und rufen sich gegenseitig zu:

Alle Hirten: Lasst uns gehn nach Betlehem.

5. Szene: Die Hirten kommen zum Stall

Erzähler/in: So machen sich die Hirten auf den Weg nach Betlehem.
Sie sind ein ganzes Stück unterwegs, da kommen sie zu dem armseligen Stall.

Die Hirten gehen zum Stall. Wenn sie dort ankommen, knien sie sich vor die Krippe.

Maria:	Es ist uns eine Freude, euch hier zu begrüßen.
Josef:	Tretet näher, kommt herbei.
1. Hirte:	Die Engel haben uns verkündet, dass der Retter der Welt geboren ist.
2. Hirte:	Da haben wir uns gleich auf den Weg gemacht.
3. Hirte:	Um den Erlöser zu begrüßen.
4. Hirte:	Wir haben auch kleine Geschenke mitgebracht.
5. Hirte:	Wir hoffen, ihr freut euch darüber.

Die Hirten bringen ihre Geschenke und geben sie Josef und Maria.

Erzähler/in:	Die Hirten bringen ihre Geschenke. Es ist eine große Freude im armseligen Stall.
1. Hirte:	Wir wollen diese frohe Botschaft allen Menschen erzählen.
2. Hirte:	Ja, lasst uns zu den Menschen gehen, damit auch sie sich freuen können.
3. Hirte:	Damit es die ganze Welt erfährt:
Alle:	Heute wurde in der Nacht Gottes Sohn zur Welt gebracht!

Mein kleines Krippenspiel

Rolf Krenzer

Allgemeines:
Bei diesem Krippenspiel wurde ganz bewusst auf Lieder oder Instrumentalstücke verzichtet, damit es auch von weniger musikalischen Gruppen aufgeführt werden kann.

Darsteller:	Maria (mit Rock, Kopftuch und Umhang, den sie auf der Reise überzieht) Josef (mit Hut, Jacke oder Mantel und eventuell mit einem Wanderstock in der Hand)
	5 Hirten (Jakob, David, Lukas, Jonathan und Markus – es können aber auch mehr Hirten mitspielen) und eine Schafherde
	Engel (mit hellen Umhängen oder Hemden)
	die Heiligen Drei Könige (mit bunter, reich gestalteter Kleidung)
Requisiten:	Korb für Maria, Rucksack für Josef
	kostbare Kästchen und Schalen für die Heiligen Drei Könige, Hirtenstöcke
Aufstellung:	Als Hintergrundkulissen für die Szenen malen die Kinder große, bunte Zeichnungen von den beiden Gasthäusern und dem Stall in Betlehem.
	Die Gasthäuser können aber auch von jeweils zwei Personen dargestellt werden, indem sich diese gegenüberstehen und die erhobenen Arme in Form eines Daches reichen. Der Wirt bzw. die Wirtin kommen dann aus dem Gasthaus nach draußen.

1. Szene: Nazareth

Maria sitzt auf einem Hocker und ist dabei, ihren Korb zu bepacken, der neben ihr steht. Josef packt seinen großen Rucksack.

Maria:	Ach Josef, müssen wir wirklich gehn?
Josef:	Was der Kaiser befiehlt, das muss geschehn! Und will er, dass wir uns zählen lassen, dann ziehn wir los über viele Straßen, bis wir endlich in Betlehem angekommen.

Maria: Und soll Gottes Kind zur Welt jetzt kommen.
Ich hätt' keine Reise mehr unternommen!

Josef: Ich geh mit dir. Wir sind nicht allein!

Maria: Und Gott wird überall auch bei uns sein!
Der Weg ist lang! Der Weg ist weit!

Josef: Maria! Sag, bist du bereit?

Josef nimmt Maria in den Arm, und zusammen gehen sie langsam los.

2. Szene: Betlehem

Maria und Josef kommen nach Betlehem. Sie halten vor dem ersten Gasthaus an.

Josef: Endlich da! Ich klopfe an!

Er klopft. Der Wirt kommt heraus.

Wirt: He, was wollt Ihr,
guter Mann?

Josef: Nur ein Zimmer für die Nacht!

Wirt: Ja, was habt ihr euch gedacht?
Tut mir leid! Ihr kommt erst jetzt!
Bin bis unters Dach besetzt!

Maria: Wir sind ganz schrecklich durchgefroren.
Bald wir unser Kind geboren.

Wirt: Ihr müsst weiter! Leider! Leider!
Drüben, nur zwei Straßen weiter
findet ihr ein Gasthaus gleich.
Dort ist sicher Platz für euch!

Der Wirt geht zurück ins Haus.

Josef: Komm, Maria, bleib nicht stehn.
Lass uns zu dem Gasthaus gehn!

Sie gehen mühsam zusammen los. Vor dem zweiten Gasthaus hält Josef wieder an und klopft.

Josef: Ich klopfe noch einmal an.

Er klopft. Die Wirtin kommt heraus.

Wirtin: He, was wollt Ihr, guter Mann?

Josef: Finden wir ein Zimmer hier?

Wirtin: Nicht ein einziges haben wir.
Alle Zimmer sind besetzt!

Maria: Ach, was machen wir denn jetzt?
Wir sind ganz schrecklich durchgefroren.
Bald wird unser Kind geboren.

Wirtin: Das tut mir von Herzen leid!
Halt! Wenn ihr zufrieden seid mit dem alten Stall dort hinten, werdet ihr ein Plätzchen finden, wo es warm ist, still und schön. Wollt ihr euch den Stall ansehn?

Josef: Gleich wolln wir zum Stall hingehn!

Die Wirtin reicht Josef eine Laterne.

Wirtin: Nehmt das Licht!

Josef: Und Dankeschön!

Maria: Dankeschön!

Wirtin: Geht nur! Es ist gern geschehn!

Die Wirtin geht zum Gasthaus zurück, Josef führt Maria zum Stall.

3. Szene: Auf dem Hirtenfeld

Fünf Hirten liegen und sitzen im Halbkreis um ihre Schafe herum. Die Hirten haben Schaffelle oder Kartoffelsäcke um sich gebunden, tragen Hirtenhüte und haben ihre Stöcke dabei. Später treten noch drei Engel (mit dem Engelschor) hinzu.

Jakob: Wenn die andern Leute schlafen,
wachen wir hier bei den Schafen.

David: Wir geben jede Nacht
hier auf die Schafe acht.

Lukas: Und will ein wildes Tier die Schafe jagen,
wird es von uns gleich in die Flucht geschlagen.

Markus: Die andern schlafen in der Nacht.
Ich gebe gut auf alle acht.

Jonathan: Ich bin mitten in der Nacht
jetzt ganz plötzlich aufgewacht.
Was mag das dort am Himmel sein?
Schau, Markus, schau, ein heller Schein!

Markus: O ungewohnt! Und zum Erschrecken!
Wir wollen schnell die andern wecken!

Markus, Jonathan:
Wacht auf! Wacht auf! Seht ihr das nicht?
Hoch über uns ein helles Licht!

David: Ich habe Angst!

Jakob: Ich fürchte mich!

Engel treten zu den Hirten:

1. Engel: Ihr Hirten, fürchtet euch nicht mehr!
Gott selbst schickt uns heut zu euch her!

2. Engel: Hört zu, denn mitten in der Nacht
ward Gottes Sohn zur Welt gebracht.

3. Engel: In unsre Welt, die so verloren,
ist heute Nacht das Kind geboren,
das uns und allen Frieden bringt.

Alle drei Engel: Hört, was der Chor der Engel singt
und lauft, das Wunder anzusehn,
das heute Nacht im Stall geschehn.

Die Hirten: Das Wunder, das im Stall geschehn,
das wollen wir gleich alle sehn!
Kommt mit, kommt mit, ihr Hirten all
und lauft so schnell ihr könnt zum Stall!

4. Szene: Im Stall

Das Kind liegt in der Krippe im Stroh. Maria sitzt daneben. Josef steht neben ihr, begrüßt die Gäste nacheinander und führt sie zu ihrem Platz. Die Hirten treten nach und nach ein, knien vor der Krippe, beten still und suchen sich dann einen Platz hinter der Krippe. Auch die Engel können im Hintergrund in den Stall treten. Vor dem Stall hört man die Heiligen Drei Könige sprechen. Sie bringen kostbare Kästchen und Schalen mit, die sie vor der Krippe niederlegen.

Balthasar: Wir haben uns viel vorgenommen und sind jetzt endlich angekommen!

Melchior: Ja, Balthasar, der helle Stern, der führte uns hierher von fern!

Kaspar: Wir haben ihn jede Nacht gesehn. Und hier überm Stall! Da bleibt er stehn!
Jetzt treten wir ein. Du, Melchior, ich bitte dich, geh einfach vor!

Die Heiligen Drei Könige treten ein und knien vor der Krippe nieder.

Balthasar: Knie nieder, Kaspar! Du, Melchior, knie dich hin! So liegen
wir alle drei auf den Knien
und beten den Herrn, Gottes Sohn,
hier an und danken Gott,
was er für uns getan!

Maria: Das größte Wunder
ist heut geschehn!
Vergesst es nie,
was ihr hier
gesehn!

Alle knien nieder und beten leise.

Spiellieder für eine Krippenfeier

Das war vor langer Zeit

Rolf Krenzer/ Martin Göth

Allgemeines:
Zu diesem Lied kann die Weihnachtsgeschichte pantomimisch aufgeführt werden. Ein (Kinder-)Chor oder ein/e Solosänger/in trägt die Strophen vor. Beim Refrain setzen alle ein.
Nach der 4. Strophe bietet es sich an, die Strophe einmal instrumental zu spielen, damit die Hirten für ihren Auftritt genügend Zeit haben.
Bei der letzten Strophe können sich auch die Kinder aus dem Zuschauerraum mit ihren Eltern und allen anderen Anwesenden bei der Krippe versammeln.

Darsteller: Josef und Maria
Hirten
Engel
die Heiligen Drei Könige
1 Sternträger

Requisiten: eine Krippe mit Jesuspuppe

2 Stühle (Sitzgelegenheiten) für Josef und Maria

etwas Heu und Stroh

ein Stern für den Sternträger bei den Heiligen Drei Königen

Aufstellung: In der Mitte der Bühne bzw. des Altarraums wird die Krippe aufgestellt.

Links und rechts davon befinden sich die zwei Sitzgelegenheiten für Josef und Maria.

Während des Vorspiels kommen Maria und Josef zur Krippe und setzen sich dort hin.

1

In einem armen Stall

Text: Rolf Krenzer; Musik: Martin Göth

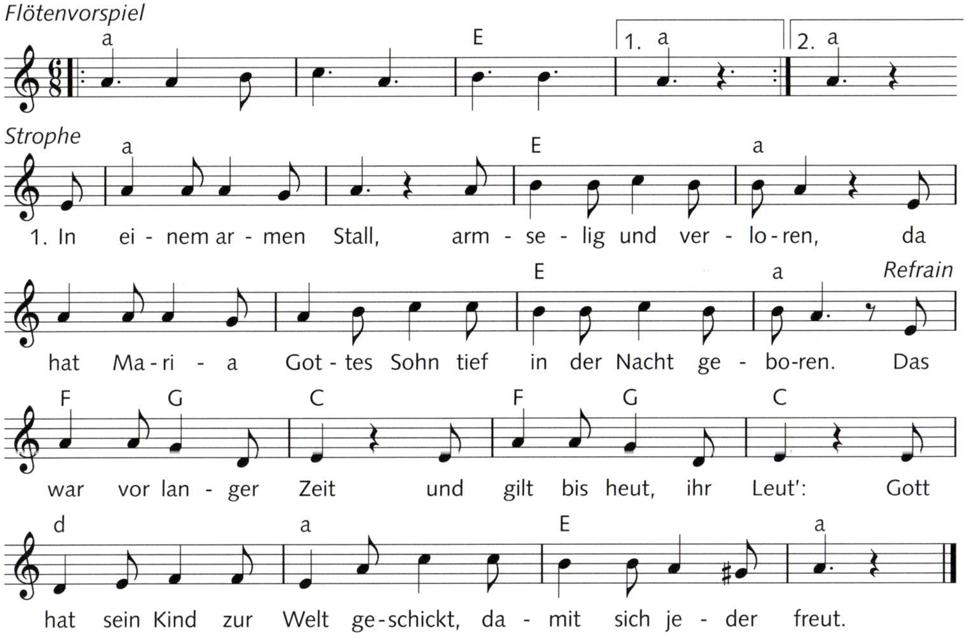

Maria legt die Jesus-Puppe in die Krippe.

2. Kein Zimmer und kein Bett,
nichts wollten sie ihr geben.
Drum schenkte sie hier Gottes Sohn
In einem Stall das Leben.

Refrain

Josef holt Heu und Stroh und eine kleine Decke und legt beides in die Krippe.

3. Die Krippe für das Kind!
   Es zog aus allen Ecken
   Nur Heu und Stroh für Gottes Sohn!
   Dazu noch ein paar Decken.

Refrain

Josef nimmt die Jesuspuppe in seine Arme.

4. Der Josef hat dem Kind
   das, was er hat, gegeben.
   So sorgte er für Gottes Sohn
   mit seinem ganzen Leben.

Refrain

Während der Instrumentalstrophe treten die Hirten auf und setzen sich vor die Krippe.

Instrumentalstrophe

Engel kommen mit erhobenen Armen zu den Hirten. Sie gehen einmal um sie herum und stellen sich dann in einem Halbkreis hinter Josef und Maria auf.

5. Weil Engel auf dem Feld
   von diesem Wunder sangen,
   da brachen gleich die Hirten auf
   und sind zum Stall gegangen.

Die Hirten machen sich auf den Weg und kommen zum Stall.

6. So fanden sie das Kind
   und knieten vor ihm nieder.
   Sie lobten Gott und dankten ihm
   und sangen frohe Lieder.

Refrain

Die Heiligen Drei Könige ziehen hinter einem Sternträger her zur Krippe.

7. Drei Könige, ihr Leut
   und das ist nicht gelogen,
   die sind hinter dem Weihnachtsstern
   zum Kind im Stall gezogen.
Refrain

Die Kinder aus dem Zuschauerraum kommen mit ihren Eltern und den anderen Anwesenden zur Krippe.

8. Was in dem Stall geschah
   vor vielen, vielen Jahren,
   das haben viele Menschen dann
   und immer mehr erfahren.
Refrain

Hört zu, was geschah in dieser Nacht

Martin Göth

Allgemeines:
Zu diesem einfachen Spiellied kann die Weihnachtsgeschichte pantomimisch dargestellt werden.
Ein (Kinder-)Chor oder ein/e Solosänger/in trägt die Strophen vor.
Beim Refrain singen alle Anwesenden mit.
Aufgrund der Einfachheit dieses Liedes kann es auch gut mit Orffinstrumenten begleitet werden.

Darsteller:

Josef und Maria
Erzähler/in

mehrere Wirte bzw. Wirtinnen pro Wirtshaus

Hirten

Engel

die Heiligen Drei Könige

1 Sternträger

Requisiten:

eine Krippe mit Jesuspuppe

2 Stühle als Sitzgelegenheiten für Josef und Maria

Eventuell ein Hirtenfeuer aus Holzscheiten

kleine Geschenke (z.B. eine Kerze, eine Decke, ein Stück Brot oder eine Puppe)

Aufstellung: In der Mitte der Bühne bzw. des Altarraums wird die Krippe aufgestellt.

Links und rechts davon befinden sich zwei Sitzgelegenheiten für Josef und Maria.

Links und rechts auf der Bühne bzw. im Altarraum stehen jeweils zwei Wirtshäuser; diese können von den Kindern auf großformatigem Karton aufgemalt oder von je zwei Erwachsenen angedeutet werden. Diese stellen sich einander gegenüber auf, nehmen sich an den Händen und halten sie in Form eines Daches in die Höhe. Der Einfachheit halber reicht es auch aus, insgesamt nur zwei Wirtshäuser zu gestalten.

Einstimmung

Hört zu, was geschah

Text: Rolf Krenzer; Musik: Martin Göth

Erzähler/in: Ich möchte euch erzählen, wie es damals war, als Jesus geboren wurde. Es regierte der Kaiser Augustus. Er wollte wissen, wie viele Menschen in seinem Land wohnten. Deshalb schickte er Soldaten los, die in den Städten und Dörfern verkündeten, dass sich alle Leute einschreiben lassen müssen. So gingen Josef und Maria von Nazareth nach Betlehem, denn sie wollten sich dort eintragen lassen.

1. Szene: Die Herbergssuche

Lied: Hört zu, was geschah – Instrumental

Während eine Strophe des Liedes instrumental gespielt wird, gehen Josef und Maria zum ersten Wirtshaus.

Josef und Maria: Klopf, klopf, klopf, macht auf ihr Leut!
Klopf, klopf, klopf, wir frieren heut.

1. Wirtshaus: Nein, nein, nein, kein Platz mehr hier.
Nein, nein, nein, zur nächsten Tür!

Lied: Hört zu, was geschah Instrumental

Eine weitere Strophe des Liedes wird instrumental gespielt, Josef und Maria gehen währenddessen weiter zum nächsten Wirtshaus.

Josef und Maria: Klopf, klopf, klopf, macht auf ihr Leut!
Klopf, klopf, klopf, wir frieren heut.

2. Wirtshaus: Nein, nein, nein, ihr könnt nicht rein.
Nein, nein, nein, das kann nicht sein.

Lied: Hört zu, was geschah – Instrumental

Während die nächste Strophe des Liedes instrumental gespielt wird, gehen Josef und Maria weiter zum dritten Wirtshaus.

Josef und Maria: Klopf, klopf, klopf, macht auf ihr Leut!
Klopf, klopf, klopf, wir frieren heut.

3. Wirtshaus: Nein, nein, nein, lasst uns in Ruh.
Nein, nein, nein, die Tür bleibt zu.

Lied: Hört zu, was geschah – Instrumental

Es folgt eine weitere instrumental gespielte Strophe des Liedes Josef und Maria gehen unterdessen zum vierten Wirtshaus.

Josef und Maria: Klopf, klopf, klopf, macht auf ihr Leut!
Klopf, klopf, klopf, wir frieren heut.

4. Wirtshaus: Nein, nein, nein, so geht nur fort.
Nein, nein, nein, ein Stall bleibt dort.

Lied: Hört zu, was geschah – Instrumental

Erneut wird eine Strophe des Liedes instrumental vorgetragen, während Josef und Maria zum Stall gehen. Sie setzen sich dort links und rechts neben die Krippe. Die Hirten treten auf und setzen sich in einem Abstand vor die Krippe hin.

Erzähler/in: In jener Gegend waren Hirten auf dem Feld.
Es war dunkle Nacht.
Doch plötzlich wurde es ganz hell. Engel kamen auf das Feld zu den Hirten. Die Hirten fürchteten sich sehr.

2. Szene: Engel kommen auf das Hirtenfeld

Lied der Engel: Hört zu, was geschah (2. und 3. Strophe sowie Instrumentalstrophe)

Engel kommen zu den Hirten auf das Feld. Sie stellen sich im Halbkreis hinter die Hirten und singen die 2. und 3. Strophe des Liedes. Während des anschließenden Instrumentalnachspiels stellen sie sich im Halbkreis hinter die Krippe und Josef und Maria auf.

2. Strophe (Engelschor):
Wir kommen zu euch: Nun freut euch sehr!
Denn heut ist geborn als Kind der Herr.
Refrain

3. Strophe (Engelschor):
Ein Kind, winzig klein,
das könnt ihr sehn.
So eilet nun hin,
nach Betlehem.
Refrain

Lied der Hirten: Hört zu, was geschah (4. und 5. Strophe)

Sobald die Engel verschwunden sind, machen sich die Hirten auf den Weg zur Krippe. Dabei singen sie die 4. und 5. Strophe des Liedes. Am Ende des Liedes kommen sie zur Krippe und knien sich vor ihr nieder.

4. Strophe (Hirtenchor):
Wir gehen zum Kind nach Betlehem
und wollen das Wunder dort ansehn.
Refrain

5. Strophe (Hirtenchor):
Kommt mit uns, ihr Leut, und geht jetzt mit
und singt, tanzt und klatscht zu unserm Lied.
Refrain

3. Szene: Die Hirten bei der Krippe

Maria: Wir freuen uns, kommt nur herein.
Ihr dürft ganz nah bei Jesus sein.

1. Hirte: Ein kleines Licht, das schenk ich dir.

Alle: Jesus, alle freun sich hier.

2. Hirte: Ein Stückchen Brot, das schenk ich dir.

Alle: Jesus, alle freun sich hier.

3. Hirte: Die weiche Decke schenk ich dir.

Alle: Jesus, alle freun sich hier.

4. Hirte: Die schöne Puppe schenk ich dir.

Alle: Jesus, alle freun sich hier.

Josef: Danke für die guten Gaben.
Ihr sollt Gottes Segen haben.
Geht und sagt es fern und nah:
Gottes Sohn ist heute da!

Gemeinsames Schlusslied: Hört zu, was geschah
(1. Strophe)

Seht doch nur, die Hirten

Martin Göth

Allgemeines:
Zu diesem Lied kann die Weihnachtsgeschichte pantomimisch aufgeführt werden. Dabei sollte die Rolle des Anführers der Hirten von einem/r Erzieher/in oder einem Schulkind übernommen werden.
Ein (Kinder-)Chor oder ein/e Solosänger/in trägt die Strophen vor, den Refrain singen alle mit. Der Chor kann den Refrain dreistimmig intonieren.

Darsteller: Josef und Maria

1 Hirten-Anführer und weitere Hirten

mehrere Engel

Requisiten: eine Krippe mit Jesuspuppe

2 Stühle als Sitzgelegenheiten für Josef und Maria

Aufstellung: In der Mitte der Bühne bzw. des Altarraums wird die Krippe aufgestellt.

Links und rechts davon befinden sich zwei Sitzgelegenheiten für Josef und Maria.

3 Seht doch nur, die Hirten

Text: Rolf Krenzer; Musik: Martin Göth

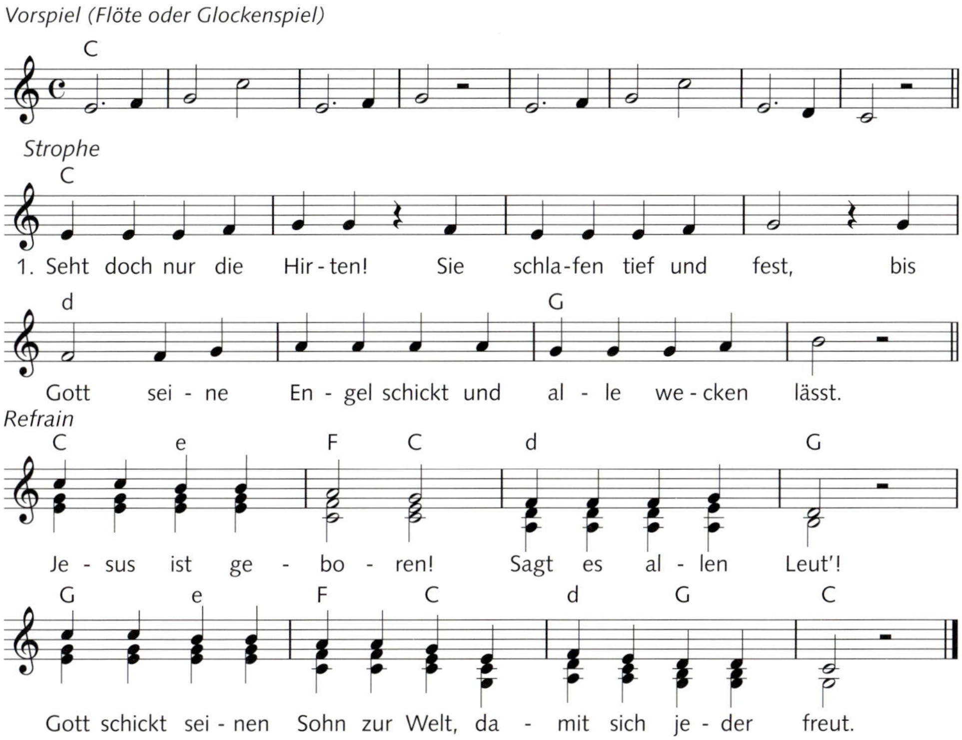

Während des Instrumentalvorspiels kommt der Anführer der Hirten zum Bühnenrand.

Anführer der Hirten: Kinder, Kinder, ich muss euch was erzählen.
Ihr glaubt nicht, was ich jetzt erlebt habe.
Ich kann es selber noch gar nicht fassen.
Stellt euch vor: Ich war mit meinen Freunden bei der Schafherde. Und plötzlich war ein großes Leuchten auf dem Feld.
Aber was rede ich da. Seht selbst, wie es gewesen ist.

Instrumentalvorspiel

Der Anführer der Hirten setzt sich am Bühnenrand hin. Josef und Maria gehen zum Stall und setzen sich links und rechts neben die Krippe. Gleichzeitig gehen die Hirten nach vorne zur Bühne. Sie legen sich dort hin und schlafen.

Am Ende des Instrumentalvorspiels kommen Engel und gehen im Kreis um Josef und Maria herum. Dazu singen sie den Refrain des Liedes einmal vor und alle singen den Refrain dann ein- oder mehrmals nach.

Dazu können auch einfache, pantomimische Bewegungen gemacht werden:

„Jesus ist geboren!" = Hände nach oben halten und sich einmal um sich selbst drehen

„Sagt es allen heut" = mit den Händen eine austeilende Bewegung machen

„Gott schickt seinen Sohn zur Welt"= die Hände nach oben halten und dann langsam wieder nach unten senken

„damit sich jeder freut" = klatschen

Refrain: „Jesus ist geboren! Sagt es allen heut! ...."

Im Verlauf der nun folgenden 1. Strophe des Liedes gehen die Engel zu den Hirten und wecken diese auf. Während der Strophen 2 bis 5 spielen die Hirten und Engel ihre Rolle pantomimisch vor.

Lied: Seht doch nur, die Hirten (1. bis 5. Strophe)

1. Seht doch nur, die Hirten!
   Sie schlafen tief und fest,
   bis Gott dann seine Engel schickt
   und alle wecken lässt.

Refrain

2. Seht doch nur, die Engel!
   Als sie sie aufgeweckt,
   da waren alle Hirten gleich
   erschreckt und aufgeregt.

Refrain

3. Seht, der große Engel!
   Steht da im hellen Licht.
   Da hören sie voll Ehrfurcht zu,
   was er zu ihnen spricht.

Refrain

Die Hirten machen sich auf den Weg zum Stall.

4. Seht doch nur, die Hirten!
   Da laufen sie geschwind.
   Sie laufen zu dem alten Stall,
   zur Krippe mit dem Kind.

Refrain

Die Hirten kommen zur Krippe. Sie knien vor der Krippe.

5. Als sie angekommen,
   da lag das Kind im Stroh,
   so wie der Engel es gesagt!
   Da warn die Hirten froh.

Refrain

Der Anführer der Hirten steht auf und spricht zu den Zuhörern.

Anführer der Hirten: Ja, so ist es gewesen, damals, als Jesus geboren wurde. Und auch heute noch erzählen wir von diesem großen Ereignis. Gott schickt seinen Sohn Jesus zur Welt.

Lied: Seht doch nur, die Hirten (6. Strophe)

Alle singen die 6. Strophe des Liedes und den Refrain. Die Kinder aus dem Publikum können währenddessen mit ihren Eltern oder Großeltern nach vorne zur Krippe gehen.

6. Auch heute noch wird Jesus
   in unserm Herz geborn,
   drum freuen wir uns alle,
   drum sind wir nicht verlorn.

Refrain

Ist ein Kind geboren

Rolf Krenzer / Martin Göth

Allgemeines:
Zu diesem Weihnachtslied spielen Maria, Josef, die Hirten mit ihren Schafen und die drei Weisen aus dem Morgenland mit ihrem Sternträger pantomimisch.
Ein (Kinder-)Chor oder ein/e Solosänger/in trägt die Strophen vor. Beim Refrain singen alle mit.
Das Schauspiel kann spontan und ohne große Vorbereitung und Kostümierung, aber auch mit angedeuteten oder richtigen Kostümen aufgeführt werden.
Man kann dieses Spiellied auch im Stuhlkreis spielen. Zu Beginn sitzen alle Darsteller im Kreis. Die Personen, die im Lied genannt werden, stehen auf und spielen in der Kreismitte ihre Rolle pantomimisch vor. Dann setzen sie sich vor die Krippe und erwarten die nächsten Darsteller, die zu ihnen kommen.

Darsteller: Josef und Maria

Hirten

Schafe

die drei Weisen aus dem Morgenland

1 Sternträger

Kinder und Erwachsene,
die sich mit auf den Weg zur Krippe machen

Requisiten: eine Krippe mit Jesuspuppe

2 Stühle als Sitzgelegenheiten für Josef und Maria

1 Stern für den Sternträger bei den drei Weisen
aus dem Morgenland

Aufstellung: In der Mitte der Bühne bzw. des Altarraumes
befindet sich die Krippe.

Links und rechts davon werden zwei Sitzgelegenheiten
für Josef und Maria aufgestellt.

Die drei Weisen aus dem Morgenland mit ihrem Sternträger sowie die Kinder kommen von hinten durch den Raum bzw. die Kirche zur Krippe.

Während des Vorspiels und der 1. Strophe kommen Maria und Josef zur Krippe. Sie setzen sich hin, und Maria legt die Jesuspuppe in die Krippe. Beim Refrain stehen alle beim Wort „Freude“ auf, winken und setzen sich wieder hin.

Ist ein Kind geboren

Text: Rolf Krenzer; Musik: Martin Göth

Während eines instrumentalen Zwischenspiels und der 2. Strophe treten die Hirten mit ihrer Schafherde auf und treiben diese einmal über die Bühne bzw. die Altarstufen oder im Kreis herum. Beim Refrain stehen alle bei dem Wort „Hoffnung" auf, winken und setzen sich wieder hin.

2. Schliefen Hirten bei den Schafen, waren sehr erschreckt,
 als die Engel sie dort fanden und sie aufgeweckt.
 Liefen gleich zum Stall und fanden Gottes Kind im Stroh.
 Lobten fröhlich Gott und waren da von Herzen froh.

Refrain:
Ist ein Kind geboren in der Weihnachtsnacht,
hat den Himmel weit geöffnet
und die Hoffnung, und die Hoffnung
in die Welt gebracht.
Und die Hoffnung, und die Hoffnung
in die Welt gebracht.

Während des instrumentalen Zwischenspiels und der 3. Strophe treten die drei Weisen aus dem Morgenland auf, gehen durch den Raum bzw. die Kirche oder außen um die Bühne im Kreis herum und kommen schließlich zur Krippe. Dort setzen sie sich zu den anderen. Der Sternträger stellt sich hinter die Krippe und bleibt dort stehen. Beim Refrain stehen alle bei dem Wort „Liebe" auf, winken und setzen sich wieder hin.

3. Folgten einst drei weise Männer Gottes hellem Stern,
 und sie fanden in der Krippe Christus, unsern Herrn.
 Lasst uns drum zusammengehen zu dem Kind im Stroh.
 Lasst uns Gott von Herzen danken, denn er liebt uns so.

Refrain:
Ist ein Kind geboren in der Weihnachtsnacht,
hat den Himmel weit geöffnet
und die Liebe, und die Liebe
in die Welt gebracht.
Und die Liebe, und die Liebe
in die Welt gebracht.

Während des Schlussrefrains, der auch mehrmals gesungen werden kann, können alle Darsteller klatschend durch den Saal oder die Kirche ziehen und auch andere mit zur Krippe nehmen.

Das hat Gott für uns getan

Rolf Krenzer

Allgemeines:
Die Darsteller führen ihre Rollen zu den Texten der Strophen sowie zum Refrain pantomimisch auf. Bei sehr jungen Mitspielern kann man auch einen Teil des Textes weglassen und sich auf die Hauptaussagen beschränken. Die entsprechenden Passagen sind im unten stehenden Text in etwas hellerer Schrift wiedergegeben.
Das Lied eignet sich für die Begleitung mit einfachen Orffinstrumenten.
Der Refrain kann entweder von einem Chor oder von der ganzen Gemeinde gesungen werden. Wenn der Ablauf des Krippenspiels mehr Zeit benötigt (wenn z.B. Maria und Josef von einem Gasthaus zum anderen gehen), dann bietet es sich an, den Refrain mehrmals zu wiederholen.

Darsteller:
- Josef und Maria
- Hirten
- 1 Verkündigungsengel (Dieser spielt später auch bei den Engeln in der Hirtenszene mit.)
- ein oder mehrere Boten des Kaisers
- Wirte und Wirtinnen
- mehrere Engel
- die Heiligen Drei Könige
- 1 Sternträger

Requisiten: eine Krippe mit Jesuspuppe

2 Stühle als Sitzgelegenheiten für Josef und Maria

eine Decke und andere Habseligkeiten von Josef und Maria

1 Stern für den Sternträger der Heiligen Drei Könige

Aufstellung: In der Mitte der Bühne bzw. des Altarraums ist die Krippe aufgestellt.

Links und rechts davon werden zwei Sitzgelegenheiten für Josef und Maria platziert.

2 Wirtshäuser, die entweder auf großen Pappkartons aufgemalt sind oder auch von Kindern oder Erwachsenen nur angedeutet werden (siehe Seite 13).

Zu Beginn kommt Maria zur Bühnenmitte. Beim Absingen der 1. Strophe tritt der Engel auf.

5 **Das hat Gott für uns getan**

Text: Rolf Krenzer; Musik: Martin Göth

1. „In die Welt", so spricht der Engel,
„schickt Gott seinen Sohn hinein.
Darum freue dich, Maria!
Du wirst seine Mutter sein!"

Zu Maria sagt der Engel:
„Gottes Sohn wird winzig klein
in der Welt für euch geboren!
Du wirst seine Mutter sein!"

Der Engel tritt vor Maria und spricht mit ihr. Bevor er wieder abgeht, hebt er beide Hände über sie und segnet sie.

Refrain:

Seht's euch an, hört's euch an:
So fängt die Geschichte an.
Kommt und seht und versteht,
wie es weitergeht.

Maria geht zur Seite der Bühne bzw. des Altarraums. Josef gesellt sich zu ihr, und gemeinsam gehen sie über die Bühne bzw. den Altarraum. Am Ende der Strophe positionieren sie sich wieder in der Mitte.

2. Was der Engel ihr versprochen,
hat sie Josef gleich erzählt.
Und so freuen sie sich beide,
weil Maria auserwählt.

Und sie warten ganz geduldig
auf das Kind so lange Zeit.
Doch das Warten hat ein Ende.
Endlich ist es bald soweit.

Maria erzählt Josef, was sie erlebt hat. Josef nimmt sie in seine Arme. Dann legt er einen Arm um sie und führt sie langsam auf der Bühne bzw. im Altarraum herum.

Refrain

3. Doch dann müssen sie verreisen,
weil der Kaiser es so will.
„Lasst euch zählen!" sagt der Kaiser.
Er befiehlt und fragt nicht viel.

Als das Kind schon kommen sollte,
müssen sie nach Betlehem.
Für Maria ist die Reise
viel zu lang und unbequem.

Boten des Kaisers treten auf und lesen aus einer Schriftrolle seinen Befehl vor. Maria und Josef packen ihre Sachen und ziehen langsam los. Maria fällt das Gehen schwer, Josef stützt sie.

Refrain

4. Als sie endlich angekommen,
waren die Hotels besetzt.
Keiner hat sie aufgenommen.
Und so blieb ihnen zuletzt,
weil sie nirgends unterkamen
nur ein Stall mit etwas Heu.
Als hier Gottes Sohn geboren,
stand Gott selber ihnen bei.

Weil sie keiner aufgenommen.
blieb ein Stall nur noch zuletzt.

Maria und Josef ziehen von Gasthaus zu Gasthaus und werden immer wieder abgewiesen. Zum Schluss führt ein Wirt/eine Wirtin oder ein anderer Darsteller sie zum Stall.

Refrain

Die Hirten treten auf und setzen bzw. legen sich vor die Krippe.

5. Waren Hirten mit den Schafen
   vor der Stadt dort auf dem Feld.
   Kamen Engel zu verkünden,
   dass geborn der Herr der Welt.

Der erste Engel weckt die schlafenden Hirten, die sich voller Furcht erheben und ihm zuhören. Ein helles Licht erstrahlt, und es kommen immer mehr Engel von allen Seiten hinzu.

Wie erschraken da die Hirten,
als den Engel sie erblickt.
Doch der Engel sagte freundlich:
„Gott hat mich zu euch geschickt"

Refrain

6. Und es stehen viele Engel
   neben ihm im hellen Licht.
   Von dem Kind erzählt der Engel.
   „Hört und fürchtet euch doch nicht!"

Die Hirten laufen zum Stall und knien vor der Krippe mit dem Kind nieder. Die Engel folgen ihnen und positionieren sich im Hintergrund im Halbkreis um die Krippe.

Und so laufen alle Hirten
Zu dem Stall, zum Kind im Stroh.
Voller Freude knien sie nieder,
und sie sind von Herzen froh.

Refrain

Die Heiligen Drei Könige folgen einem Darsteller, der einen Stern an einer langen Stange vor sich her trägt, zum Stall. Dort bleibt der Sternträger stehen und tritt dann so hinter die Engel, dass der Stern immer noch zu sehen ist.

7. Kommen auch drei kluge Männer,
die als Sterndeuter bekannt.
Zogen hinter einem Stern her,
der so hell am Himmel stand.
Dieser Stern bleibt überm Stall jetzt
leuchtend hoch am Himmel stehn.
Und die Männer gehn zu Krippe,
um den König anzusehn.

Sahen auch drei kluge Männer
einen Stern am Himmel stehn.
Und die Männer gehen zur Krippe,
um den König anzusehn.

Die Heiligen Drei Könige treten zur Krippe, überreichen Maria und Josef ihre Geschenke und knien dann vor dem Kind nieder.

Refrain

8. Seht, sie knien vor ihm nieder
   und sie beten Jesus an.
   Und so sagen's alle weiter:
   „Das hat Gott für uns getan!"
   Als das Kind im Stall geboren
   mitten in der dunklen Nacht,
   hat Gott mit dem Kind die Liebe
   für uns in die Welt gebracht.

Alle Darsteller stehen auf, fassen sich an den Händen und bilden einen großen Halbkreis. Gemeinsam mit dem Chor bzw. der ganzen Gemeinde singen sie den letzten Refrain.

Refrain

Krippenspiele

Weihnachten einst und heute

Martin Göth

Allgemeines:
Dieses Weihnachtssingspiel versucht, eine Brücke vom Geschehen damals vor 2 000 Jahren in Betlehem zur heutigen Zeit zu schlagen. Die Weihnachtsgeschichte wird pantomimisch aufgeführt.
Bei dem Lied „Die Herbergssuche einst und heute" trägt ein Kinder- oder Jugendchor bzw. ein/e Solosänger/in die Strophen vor. Josef, Maria, die Wirte und Wirtinnen sowie die „Fremden, Kranken und arme Leute von heute" singen den Refrain.
Die „Litanei" kann entweder von Maria und Josef im Wechsel vorgetragen oder von einem/r Solisten/in gesungen werden. Man kann den Text aber auch gesprochen darbieten. Dazwischen wird, gleichsam als Kehrvers, von allen Darstellern und Zuschauern einstimmig der Kanon „Jesus ist geboren" gesungen.
Am Ende des Krippenspiels wird dieser Kanon dann mehrstimmig gesungen: Dabei übernehmen die Engel die 1. Stimme, sämtliche Schauspieler die 2. Stimme und die Zuschauer bzw. das Kirchenvolk die 3. Stimme. Dies sollte bereits vor der Feier angesagt bzw. kurz einstudiert werden.
Das Schlusslied „Wann fängt Weihnachten an" wird vom Chor vorgetragen, beim Refrain stimmen alle mit ein.

Vorbereitung: Am Anfang des Spiels werden an die hereinkommenden Kinder im Publikum Teelichter verteilt. Die Kinder bringen diese Teelichter dann beim Schlusslied „Wann fängt Weihnachten an" nach vorne und stellen sie rund um die Krippe herum ab.

Darsteller: Josef und Maria

Engel

Wirt und Wirtin (Es können aber auch mehrere Wirte und Wirtinnen mitspielen.)

1. Gruppe von Menschen: Fremde, Kranke, arme Leute etc. von heute

2. Gruppe von Menschen: Reiche, Kaufleute etc. von heute

Requisiten: eine Krippe mit Jesuspuppe

2 Stühle als Sitzgelegenheiten für Josef und Maria

2 Wirtshäuser links und rechts auf der Bühne bzw. im Altarraum

Teelichter für die „Zuschauer-Kinder"

Aufstellung: In der Mitte der Bühne bzw. des Altarraums wird die Krippe aufgestellt.

Links und rechts davon befinden sich zwei Sitzgelegenheiten für Josef und Maria.

Links und rechts auf der Bühne bzw. im Altarraum werden als Requisiten zwei Wirtshäuser positioniert, die entweder auf großen Pappkartons aufgemalt sind oder auch von Kindern oder Erwachsenen nur angedeutet werden (siehe Seite 13).

Während der 1. Strophe ziehen Maria und Josef zum ersten Wirtshaus. Die Wirte bzw. Wirtinnen schicken sie jedoch weiter. Bei der 2. Strophe kommen sie zum zweiten Wirtshaus, aber auch hier werden sie abgewiesen. Am Ende gelangen sie zur Krippe und setzen sich dort nieder.

6 Die Herbergsuche einst und heute

Text: Rolf Krenzer; Musik: Martin Göth

(Kinder-/Jugendchor bzw. Vorsänger/in):

2. So müssen die beiden leider weitergehn.
Schau, Josef und Maria bleiben vor dir stehn.
Schick sie nicht weiter! Sag nicht: Nein!
Denn dann wird Gott selbst bei dir sein,
ja, dann wird Gott selbst bei dir sein.

Maria: Poch, poch, poch!
So spät noch frag ich dich:
Sag, du hast doch
ein Zimmer noch
für meinen Mann und mich?

Wirt: Nein, nein, nein!
Weil ich nicht helfen kann!
Bedaure sehr,
kein Zimmer mehr
für dich und deinen Mann.

Als Nachspiel wird eine Instrumentalstrophe des Liedes gespielt. Währenddessen gehen Josef und Maria zur Krippe und setzen sich.

Jesus ist geboren (Kehrvers)

Während des instrumentalen Vorspiels kommen die Engel und gehen im Kreis um Josef, Maria und die Krippe herum. Währenddessen legt Maria die Jesuspuppe in die Krippe. Am Ende stellen sich die Engel im Halbkreis hinter Josef und Maria auf. Dabei können die Engel folgende Bewegungen machen:

1. *Die Engel stehen im Kreis um die Krippe und deuten mit beiden Händen zur Jesuspuppe.*
2. *Die Engel gehen um die Krippe herum.*
3. *Die Engel heben, während sie weitergehen, langsam die Hände nach oben.*

7 Jesus ist geboren – Kanon

Text und Musik: Martin Göth

Die 1. Gruppe von Menschen – also die Ausländer, Fremden, Kranken und armen Leute von heute – kommt zum Wirtshaus. Die Wirtinnen bzw. Wirte und die 2. Gruppe von Menschen – also die Reichen, Kaufleute etc. – weisen sie jedoch ab. Die erste Menschengruppe kommt zum zweiten Wirtshaus, aber auch hier werden sie nur weitergeschickt. Am Ende gehen sie zur Krippe.

(Kinder-/Jugendchor bzw. Vorsänger/in):

3. Wie Josef und Maria stehn heut viele hier.
   So fremd und arm stehn viele heut vor unsrer Tür.
   Schickt sie nicht weiter! Sagt nicht: Nein!
   Denn dann wird Gott selbst bei euch sein,
   ja, dann wird Gott selbst bei euch sein.

1. Gruppe: Poch, poch, poch!
So spät noch frag ich dich:
Sag, du hast doch
ein Zimmer noch
für meinen Mann und mich.

2. Gruppe: Nein, nein, nein!
Ich weiß es ganz genau,
bedaure sehr,
kein Zimmer mehr
für dich und deine Frau.

(Kinder-/Jugendchor bzw. Vorsänger/in):

4. So müssen sie drum leider wieder weitergehn.
   Wie Josef und Maria bleiben sie hier stehn.
   Schick sie nicht weiter! Sag nicht: Nein!
   Denn dann wird Gott selbst bei dir sein,
   ja, dann wird Gott selbst bei dir sein.

1. Gruppe: Poch, poch, poch!
So spät noch frag ich dich:
Sag, du hast doch
ein Zimmer noch
für meinen Mann und mich.

2. Gruppe: Nein, nein, nein!
Ich weiß es ganz genau,
bedaure sehr,
kein Zimmer mehr
für dich und deine Frau.

(Kinder-/Jugendchor bzw. Vorsänger/in):

5. Für Josef und Maria blieb ein Stall zuletzt.
   Wenn du die Welt noch ändern willst, dann tu es jetzt!
   Schick sie nicht weiter! Sag nicht: Nein!
   Denn dann wird Gott selbst bei dir sein,
   ja, dann wird Gott selbst bei dir sein.

8 Jesus ist geboren – Litanei und Kehrvers

Text: Rolf Krenzer; Musik: Martin Göth

Maria: Ihr Fremden und Asylanten
Alle: Jesus ist für Euch geborn.
Josef: Ihr Sozialhilfeempfänger
Alle: Jesus ist für Euch geborn.

Maria:	Ihr Schwachen und Ausgenutzten
Alle:	Jesus ist für euch geborn.
Josef:	Ihr Kranken und Schwerkranken
Alle:	Jesus ist für euch geborn.

Kehrvers: Jesus ist geboren ...

Maria:	Ihr Arbeitslosen und Armen
Alle:	Jesus ist für euch geborn.
Josef:	Ihr Depressiven und Traurigen
Alle:	Jesus ist für euch geborn.
Maria:	Ihr Hungernden und Dürstenden
Alle:	Jesus ist für euch geborn.
Josef:	Ihr Mutlosen und Verzagten
Alle:	Jesus ist für euch geborn.

Weitere Verse können angefügt werden. Am Ende wird der Kehrvers als Kanon gesungen.

Kanon: Jesus ist geboren

Beim Kanon gilt folgende Einteilung:

1. Stimme = die Engel

2. Stimme = sämtliche Darsteller

3. Stimme = die Zuschauer bzw. das Kirchenvolk

Maria:	Seid getrost: Gott liebt die Armen, die Schwachen, die Unterdrückten, die Kranken und vor allem die Kinder. Für die kleinen Leute ist damals und heute Jesus, Gottes Sohn, in die Welt gekommen.
Josef:	Freut euch mit uns, dass Jesus in die Welt gekommen ist.
Maria:	Jesus möge heute, hier und jetzt, auch in euren Herzen geboren werden.
Josef:	Geht hinaus und verkündet aller Welt: Jesus, der Retter ist da!

9
Wann fängt Weihnachten an

Text: Rolf Krenzer; Musik: Martin Göth

2. Was bedeutungsvoll ist, wird ganz bedeutungslos,
und das Unwichtige wird dann wichtig und groß.
Wenn im Dunkeln plötzlich erstrahlt ein Licht,
das Geborgenheit, helles Leben verspricht.
Und du zögerst nicht, sondern gehst darauf zu,
so wie du bist, sei einfach Du.

Refrain

Während des Schlussliedes gehen die Darsteller zu den Kindern unter den Zuschauern. Sie zünden deren Teelichter an und nehmen die Kinder dann mit ihren brennenden Teelichtern mit nach vorne zur Krippe. Dort werden die Lichter um die Krippe herum aufgestellt.

Sehr wirkungsvoll ist es auch, wenn man das Saal- bzw. Kirchenlicht ausschaltet oder dimmt und nur den Schein der Kerzen wirken lässt.

Man könnte aber z.B. auch während einer gesummten Strophe darauf hinweisen, dass man die Lichter für einen bestimmten Menschen anzündet, der gerade in Not ist.

Kanon: Jesus ist geboren

Der Kanon kann auch als Tanz gestaltet werden:

1. *Alle stellen sich in vier Kreisen auf und halten ihre Kerzen zur Kreismitte.*
2. *Die Kreise setzen sich in Bewegung, wobei sich der erste Kreis nach rechts, der zweite nach links, der dritte nach rechts und der vierte wiederum nach links bewegt.*
3. *Alle halten beim Weitergehen die Kerzen ganz hoch.*
4. *Alle bleiben stehen, halten die Kerzen nach oben und drehen sich um sich selbst, wieder zur Mitte (siehe Ausgangsposition).*

Kommen zwei Leute am Abend

Rolf Krenzer

Allgemeines:
Dieses kleine Weihnachtssingspiel besteht aus drei kurzen Szenen: die Herbergssuche – die Hirten auf dem Feld – die Hirten beim Stall.
Ein Kinder- oder Jugendchor bzw. Solisten tragen die Strophen der Lieder vor.
Die Wirtinnen und Wirte singen bei dem Lied „Kommen zwei Leute am Abend noch spät" den Refrain.

Darsteller:

Josef und Maria

Engel

Wirte und Wirtinnen

Hirten (Balthasar, Nathan, Jonas, Aaron und Benjamin, der eine Flöte dabeihat)

Schafe

Requisiten:

eine Krippe mit Jesuspuppe

2 Stühle als Sitzgelegenheiten für Josef und Maria

2 Wirtshäuser links und rechts auf der Bühne bzw. im Altarraum

eine Flöte für den Hirten Benjamin

Milch, Butter, Käse und Fell als Geschenke für Gottes Sohn

Aufstellung:

In der Mitte der Bühne bzw. des Altarraums befindet sich die Krippe.

Links und rechts davon werden zwei Sitzgelegenheiten für Josef und Maria aufgestellt.

Links und rechts auf der Bühne bzw. im Altarraum werden als Requisiten zwei Wirtshäuser positioniert, die entweder auf großen Pappkartons aufgemalt sind oder auch von Kindern oder Erwachsenen nur angedeutet werden (siehe Seite 13).

Während des Vorspiels und der 1. Strophe gehen Josef und Maria durch den Saal bzw. die Kirche. Am Ende der Strophe kommen sie zum ersten Wirtshaus. Sie werden von den Wirten bzw. Wirtinnen abgewiesen und gehen während der nächsten Strophe zum anderen Wirtshaus. Am Ende des Liedes gelangen sie zum Stall und setzen sich dort nieder.

10 Kommen zwei Leute am Abend noch spät

Text: Rolf Krenzer; Musik: Martin Göth

2. Kommen zwei Leute am Abend noch spät,
klopfen und fragen leise
nach einem Zimmer und einem Bett
nach der langen Reise.
Kein Platz mehr weit und breit!
„Es tut uns furchtbar leid."
Refrain

Refrain

3. Kommen zwei Leute am Abend noch spät,
   klopfen und fragen leise
   nach einem Zimmer und einem Bett
   nach der langen Reise.
   Sie bleiben draußen stehn
   und müssen weitergehn.

Refrain

4. Finden die Armen
   den Stall in der Nacht.
   Tretet nur ein, ihr Leute!
   Gottes Sohn wird
   hier zur Welt gebracht.
   Singt und dankt
   vor Freude.
   Sagt es nun allen heut,
   damit sich jeder freut.

Schlussrefrain

Und darum heißt es:
Freut euch, nun freut euch,
nun freut euch alle, ihr Leut!
Und darum heißt es:
Freut euch, nun freut euch,
nun freut euch alle, ihr Leut!

5. Instrumentalstrophe

Während der Instrumentalstrophe kommen die Hirten mit einer Schafherde aufs Hirtenfeld. Am Ende des Liedes gehen die Engel zur Krippe und stellen sich hinter Josef und Maria in einem Halbkreis auf. Die Bühne ist nur schwach beleuchtet, es ist gerade noch so hell, dass man die Hirten und ihre Schafe sehen kann. Die Hirten treiben ihre Schafe zusammen. Diese blöken leise, lassen sich dann nieder und schlafen ein. Auch die Hirten legen sich zum Schlafen hin.

Balthasar: Ich wünsch euch eine gute Nacht,
damit ihr morgen frisch erwacht.

Nathan: Gute Nacht!

Benjamin: Gute Nacht!

Jonas: Ja, gute Nacht!

Aaron faltet die Hände.

Aaron: Gott, gib heut nacht auf alle acht!

Er betet in sich versunken und schaut sich dann um.

Aaron: Jetzt sind die Hirten bei den Schafen
schon alle richtig eingeschlafen.
Da gehe ich nun auch zur Ruh
und lege mich dazu.

Aaron legt sich ebenfalls zum Schlafen nieder. Die Beleuchtung wird noch weiter zurückgefahren, sodass die Hirten und die Schafe nun kaum noch zu sehen sind. Jetzt huschen die Engel schnell herein und stellen sich auf einer Seite auf. Plötzlich wird das Licht strahlend hell. Balthasar wird mit einem Schlag wach, fährt zusammen und setzt sich auf.

Balthasar: Ein helles Licht! Was kann das sein?
Um mich herum ein heller Schein!

Balthasar rüttelt Jonas. Jonas wird wach und setzt sich ebenfalls hin.

Balthasar: He, Jonas, schlaf nicht länger mehr!
Es ist so hell hier um uns her.

Jonas: Sag, spinnst du? Warum weckst du mich?
Sag, warum nur erschreckst du mich?

Balthasar: Siehst du um uns den hellen Schein?

Jonas: Ein helles Licht! Was kann das sein?
Wo kommt das helle Licht nur her?

Jonas weckt Benjamin.

Jonas: He, Benjamin! Auf! Schlaf nicht mehr!

Benjamin rappelt sich auf und reibt sich die Augen.

Benjamin: Sei still! Was schreist du immerzu?
Lass mich doch schlafen! Gib jetzt Ruh!

Jonas: Siehst du denn nicht den hellen Schein?

Balthasar sieht die Engel und deutet mit ausgestrecktem Arm auf sie.

Balthasar: Und dort! Das müssen Engel sein!

Benjamin springt auf.

Benjamin: O weh, da wird mir angst und bang!
He, Nathan, hörst du den Gesang?

Die Engel beginnen leise das Engelslied zu summen. Benjamin rüttelt Nathan wach, der sich umschaut und dann erschrocken aufspringt.

Nathan: Mich packt die Angst! Mich packt ein Schrecken!
Wir wollen lieber Aaron wecken!

Sie stürzen alle zu Aaron, rütteln ihn wach und drängen sich eng zusammen.

Balthasar: Weil du am ältesten doch bist,
drum sag uns, Aaron, was das ist!

Benjamin: Um uns herum ein heller Schein!

Jonas: Sag, können das wohl Engel sein?

Nathan: Um uns herum ein helles Klingen.

Aaron: So schön können nur Engel singen.

Die Hirten stehen auf, drücken sich eng aneinander und lassen sich dann – wieder eng aneinandergeschmiegt – auf die Erde fallen.

Balthasar: Ich habe Angst!

Benjamin: Ich fürchte mich!

Nathan: Ich zittere ganz fürchterlich!

Ein Engel löst sich aus der Engelsschar und tritt zu den Hirten.

Engel: Ihr Hirten, fürchtet euch doch nicht!

Aaron: Hört, was der Engel zu uns spricht!

Die Engel stellen sich im Halbkreis hinter die Hirten und halten ihre Hände nach oben.

11 Lied der Engel: Gottes Sohn ist da

Text: Rolf Krenzer; Musik: Martin Göth

Der zweite Engel singt:

2. Lauft zum Stall, dort liegt das Kind.
   Dort, wo Ochs und Esel sind.

Refrain I:
   Gottes Sohn ist da! Ehre sei Gott! Halleluja!

Refrain II: *(alle Engel singen)*
   Ehre sei Gott! Ehre sei Gott! Ehre sei Gott! Halleluja!
   Ehre sei Gott! Ehre sei Gott! Ehre sei Gott! Halleluja!

Der dritte Engel singt:

3. Das hat Gott für uns getan!
   Lauft und schaut das Kind euch an!
   Refrain I

   Refrain II *(alle Engel singen)*

Die Engel gehen davon und es wird wieder dunkler. Die Hirten stehen zusammen.

Balthasar: Wir wollen ganz schnell zu ihm gehn.

Aaron: Ich will mir Gottes Sohn ansehn!

Jonas: Ich bring ihm eine Decke mit!

Benjamin hält seine Flöte hoch.

Benjamin: Ich spiele ihm ein Hirtenlied!

Nathan: Für seinen Vater und die Mutter,
da bring ich Käse, Milch und Butter!

Aaron: Ich schenke ihm mein bestes Fell!

Balthasar: Beeilt euch jetzt! Es wird schon hell!

Benjamin: So singt mit mir das Lied heut Nacht,
das uns die Engel beigebracht.

Lied der Hirten: Gottes Sohn ist da *(4. und 5. Strophe)*

Die Hirten singen und machen sich auf den Weg. Sie kommen zum Stall und fallen vor dem Kind auf die Knie, um es anzubeten:

4. Heute wurde in der Nacht
Gottes Sohn zur Welt gebracht.
Refrain I

Refrain II

5. Kommt, wir laufen jetzt zum Kind,
dort wo Ochs und Esel sind.
Refrain I

Refrain II

6. Das hat Gott für uns getan.
   Kommt herbei und betet an!
Refrain I

Refrain II

Lied: Gottes Sohn ist da

Die Engel singen:

7. Arm und klein, das Kind im Stall!
   Lobt und preist Gott überall.
Refrain I

Refrain II

Alle singen:

8. Alle Menschen freun sich hier:
   Guter Gott wir danken Dir!
Refrain I

Refrain II

Der kleine Stern führt dich zur Krippe

Martin Göth

Allgemeines:
Bei diesem Weihnachtssingspiel führt der „kleine Stern" mit einer großen Sternenschar die Kinder und die Zuschauer an die Weihnachtsgeschichte heran.
Ein Kinder- oder Jugendchor singt die Lieder vor, und bei den Refrains stimmen alle mit ein.
Damit die Tänze in diesem Singspiel gut wirken, ist es empfehlenswert, sie auf einer größeren, ebenen Fläche aufzuführen.
Jedes Kind bekommt zum Schluss einen kleinen Stern geschenkt.

Darsteller:
der „kleine Stern"
viele weitere Sterne
Josef und Maria
viele Kinder

Requisiten:
an Stäben befestigte Sterne für die Sternenkinder
mehrere, schön verpackte größere Geschenkschachteln
kleine Sterne, die an die Zuschauerkinder verteilt werden

Aufstellung:
In der Mitte der Bühne bzw. des Altarraums befindet sich die Krippe mit der Jesuspuppe. Links und rechts davon werden Sitzgelegenheiten für Josef und Maria aufgestellt.

12

Singt ein Weihnachtslied mit mir

Text: Rolf Krenzer; Musik: Martin Göth

2. Singt ein Weihnachtslied, ihr Leut.
Weil sich jeder heute freut.
Alle wären wir verloren,
wär er nicht im Stall geboren.
Halleluja! Gloria!
Gloria! Halleluja!

Das 1. Kind kommt mit vielen Geschenken bepackt auf die Bühne bzw. in den Altarraum.

1. Kind: Oh, oh. Die Geschenke sind so schwer.
Immer dieser Stress an Weihnachten mit dem Schenken.
Ich weiß schon gar nicht mehr, was ich meinen Eltern und Geschwistern noch alles schenken soll.

Da kommt ein kleiner Stern geflogen.

Kleiner Stern: Was siehst du denn so betrübt aus?
Heute ist doch Weihnachten.
Da sollen sich die Kinder und die Erwachsenen freuen.

1. Kind: Ach, weißt du,
mir ist gar nicht zum Feiern.
Jedes Weihnachten der Stress.

	Alle sind schlecht gelaunt und genervt und hetzen durch die Geschäfte. Sieh dich nur um: Überall gestresste Gesichter.

Der kleine Stern und das Kind schauen in die Gesichter der Zuschauer.

Kleiner Stern:	Ich glaube, die Menschen haben vergessen, warum wir eigentlich Weihnachten feiern.
1. Kind:	Ja, wegen den Geschenken natürlich! Und dass wir endlich Ferien haben.
Kleiner Stern:	Nein, der eigentliche Grund ist, dass wir an Weihnachten die Geburt Jesu feiern.
1. Kind:	Jesus? Den kenn ich nicht. Bei uns in der Schule (bzw. im Kindergarten) gibt es kein Kind, das Jesus heißt.
Kleiner Stern:	Komm mit mir, ich zeig dir, wie das damals vor 2 000 Jahren war. Die Geschenke legen wir dahin.

Sie legen Geschenke ab und gehen los, evtl. hinter den Altar/die Bühne. Am Ende des Liedes stehen sie neben dem Altar bzw. an der Seite der Bühne.

Lied: Singt ein Weihnachtslied mit mir

3. Singt ein Weihnachtslied, ja, singt,
   weil er uns den Frieden bringt.
   Geben Feinde sich die Hände,
   ist der Krieg sogleich zu Ende.
   Halleluja! Gloria! Gloria! Halleluja!

4. Singt ein Weihnachtslied heut Nacht,
   weil er uns so glücklich macht.
   Weil wir dankbar an ihn denken,
   wollen wir uns heut beschenken.
   Halleluja! Gloria! Gloria! Halleluja!

5. Bringt in alle Herzen Licht
   und vergesst den Andern nicht.
   Singt die schönsten Weihnachtslieder
   alle Jahre immer wieder.
   Halleluja! Gloria! Gloria! Halleluja!

Kleiner Stern: Jetzt pass gut auf, damit du weißt,
warum wir alle Jahre wieder Weihnachten feiern.
Siehst du, da kommen schon Maria und Josef.

Maria und Josef kommen zur Krippe.

Josef: Endlich sind wir da, Maria.
Hier ist es wenigstens warm.

Maria: Ja, Josef. Ich bin auch froh,
dass wir ein Dach über dem Kopf haben.

Kleiner Stern
(zum 1. Kind): Jetzt muss ich los und meine Freunde, die anderen Sterne, holen. Denn heute wird Jesus, der Retter der Welt geboren. Und da müssen wir ganz hell leuchten, um die Geburt von Jesus allen Menschen anzukünden.

Der kleine Stern verschwindet hinter dem Altar bzw. der Bühne. Viele Sternenkinder mit je zwei Teelichtern kommen in den Altarraum bzw. auf die Bühne und stellen sich im Kreis um die Krippe auf.

13 Instrumentaler Sternen-Lichter-Tanz

Musik: Martin Göth

Während des Sternen-Lichter-Tanzes wird die Jesus-Puppe in die Krippe gelegt. Am Ende des Tanzes stellen sich die Sternenkinder links, rechts und hinter Josef und Maria auf. Mehrere Kinder, die in den ersten Bankreihen/ Stuhlreihen sitzen, stehen auf und deuten zum Stall.

2. Kind: Seht mal, welch helles Leuchten!

3. Kind: Die Sterne funkeln ganz hell!

4. Kind: Heute ist Jesus geboren!

5. Kind: Kommt, wir wollen zu ihm gehen!

Die Kinder machen sich durch die Kirche bzw. den Zuschauerraum auf den Weg zum Altarraum bzw. zur Bühne. Am Ende des Liedes kommen sie zum 1. Kind. Alle singen.

14 **Der helle Stern** Text: Rolf Krenzer; Musik: Martin Göth

2. Der helle Stern, der helle Stern
   bleibt überm Stall dort stehen.

Der helle Stern, der helle Stern,
der weiß, was hier geschehen.
Lasst uns gehen, lasst uns gehen.
Gott stieg herab vom Himmelsthron.
Lasst uns sehen, lasst uns sehen:
Gott schenkt uns seinen Sohn.

2. Kind: Komm mit uns. Wir gehen nach Betlehem.

3. Kind: Da ist Jesus geboren.

4. Kind: Jesus, der Licht in unsere Welt bringt.

5. Kind: Jesus, der uns Freude bringt.

Lied: Der helle Stern

Die Kinder nehmen Kind 1 mit und ziehen weiter durch die Kirche bzw. den Aufführungssaal und kommen schließlich zur Krippe.

3. Der helle Stern, der helle Stern
ist unser Wegbegleiter.
Der helle Stern, der helle Stern,
der führt uns immer weiter.
Und wir fragen und wir fragen
an jedem Haus und jeder Tür.
Und wir fragen und wir fragen:
Ist wohl der König hier?

1. Kind: Oh, da sind wir zum Geburtstag von Jesus eingeladen und haben gar keine Geschenke dabei.

Kleiner Stern (zu allen Kindern):

Wisst ihr was? Wir geben euch einen Sternenfunken.
Dann könnt ihr zusammen mit uns leuchten.
Das wird Jesus freuen.
Denn man sagt, dass ER das Licht der Welt ist.

Jedes Sternenkind gibt ein Teelicht weiter, sodass alle Kinder ein Licht haben.

Instrumentaler Sternen-Lichter-Tanz (siehe S. 73)

Maria: Das war wunderschön.

Josef: Jetzt leuchtet der kleine Stall wie ein Königssaal.

Kleiner Stern: So soll es sein. Denn das kleine Kind im Stroh wird unser König, unser Friedensfürst sein.

15 Mit Sternen ist die Stadt geschmückt

Text: Rolf Krenzer; Musik: Martin Göth

Refrain
2. Die Menschen folgten diesem Stern
und fanden in dem Stroh
den Herrn, den König, Gottes Sohn.
Wie waren sie da froh.

Refrain

3. Seht her, der helle Weihnachtsstern!
   Er leuchtet durch die Nacht.
   Wie damals, als Maria einst
   das Kind zur Welt gebracht.

Refrain

1. Kind: Jetzt verstehe ich, warum wir Weihnachten feiern. Wir feiern die Geburt von Jesus, dem Sohn Gottes.

Kleiner Stern: Kommt alle mit und lasst uns zu den Menschen gehen und ihnen das größte Geschenk bringen:
Die Frohe Botschaft, dass Gottes Sohn in unsere Welt kam.

Während des Liedes teilen die Sternenkinder kleine Sterne an die Kinder unter den Zuschauern aus.

16 **Heller Stern am Himmel**

Text: Rolf Krenzer; Musik: Martin Göth

2. Schaut nur hoch zum Himmel!
   Dankt Gott, unserm Herrn.
   Denn der schönste Stern am Himmel
   ist der Weihnachtsstern.

Refrain

3. Vor uns in der Krippe
   liegt das Kind so klein.
   Weil es Gott zu uns geschickt hat
   bleibt keiner mehr allein.

Der Hirte und sein Flötenspiel

Martin Göth

Allgemeines:
Dieses Weihnachtsspiel ist nach der Bilderbuchgeschichte „Das Hirtenlied" von Max Bolliger und Štěpán Zavřel nacherzählt. Es besteht aus Sprechtexten und Instrumentalstücken. Letztere sind so gehalten, dass sie von einer C-Flöte bzw. einer Flötengruppe gut gespielt werden können. Als Begleitung eignen sich Orffinstrumente bzw. Gitarre/n und Keyboard. Wichtig ist, dass der Darsteller, welcher den Hirtenjungen Benjamin spielt, die Flöte gut beherrscht.

Darsteller:

Erzähler/in

Benjamin, der Hirtenjunge und Flötenspieler

Großvater

mehrere Hirten, davon 5, die die Rolle als Sprecher übernehmen

Josef und Maria

Erzengel Gabriel

Requisiten:

Flöte

Krippe mit Sitzgelegenheiten für Josef und Maria

Hirtenstöcke

Aufstellung: In der Mitte der Bühne bzw. des Altarraums wird die Krippe mit der Jesus-Puppe aufgestellt, links und rechts davon befinden sich die Sitzgelegenheiten für Josef und Maria.

Benjamin und einige andere Hirten kommen und setzen sich rechts an den Bühnenrand bzw. auf die Altarstufen.

Erzähler/in: Es war einmal ein kleiner Hirte. Er hieß Benjamin. Benjamin war zehn Jahre alt. Und manchmal musste er nachts die Schafe auf dem Feld hüten. Da schaute er immer gerne zu den Sternen am Himmel. Oder er spielte auf seiner Flöte. Die hat er von seinem Großvater geschenkt bekommen. – Eines Nachts war er wieder auf dem Feld. Der Himmel war sternenklar und der kleine Hirte spielte auf seiner Flöte.

Benjamin spielt auf seiner Flöte. Der Großvater kommt. Er stützt sich auf einen Stock und schaut zu den Sternen empor.

Benjamins Flötenstück I

Musik: Martin Göth

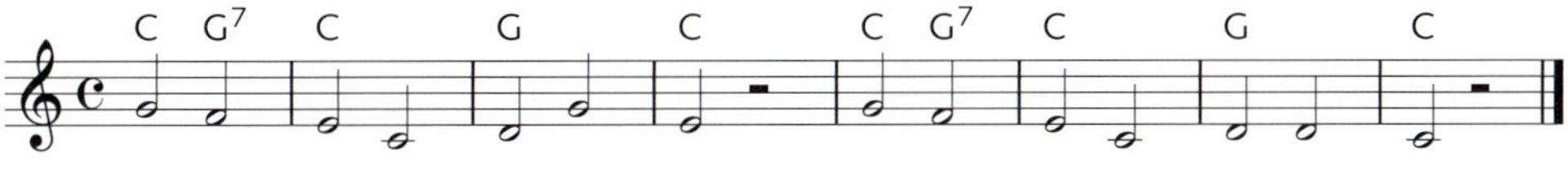

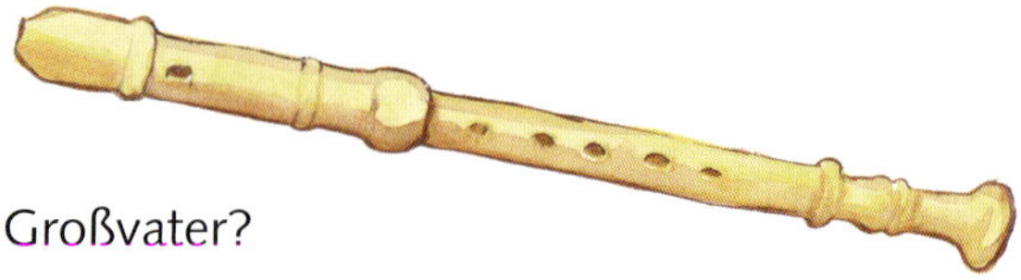

Großvater:	Er wird kommen!
Benjamin:	Wer wird kommen, Großvater?
Großvater:	Der Messias! Unser Erlöser!
Benjamin:	Wann wird er kommen?
Großvater:	Ich glaube, er wird schon sehr bald kommen!
1. Hirte:	Bald! Das ist zum Lachen, das sagst du nun schon seit Jahren!
2. Hirte:	Du und dein Messias, dein „Friedensfürst"! Dass der kommt, das glaubst du doch selbst nicht mehr!
Erzähler/in:	Der Alte kümmerte sich nicht um den Spott der Hirten. Nur der Zweifel, der in den Augen seines Enkels aufflackerte, betrübte ihn. Wer sollte, wenn er starb, die Weissagung des Propheten Jesaja weitertragen? Sollte Gottes Wort in Israel vergessen werden?
Großvater:	So hört doch, was uns der Prophet Jesaja sagte: „Das Volk, das im Dunkel lebt, sieht ein helles Licht; über denen, die im Land der Finsternis wohnen, strahlt ein Licht auf. Denn uns ist ein Kind geboren, ein Sohn ist uns geschenkt. Die Herrschaft liegt auf seiner Schulter, man nennt ihn wunderbarer Ratgeber, starker Gott, Vater in Ewigkeit, Fürst des Friedens."
Erzähler/in:	Das Herz des Großvaters war voller Erwartung. Wenn ER doch bald käme!

Der Großvater stützt sich auf den Stock und lässt den Kopf hängen.

Benjamin:	He, Großvater! Wird ER eine goldene Krone tragen?
Großvater:	Ja!
Benjamin:	Hat ER auch ein silbernes Schwert?
Großvater:	Ja!
Benjamin:	Und einen purpurnen Königsmantel?
Großvater:	Ja, ja!

Erzähler/in: Der Enkel war zufrieden und träumte von dem neuen König. Der Junge saß auf einem Stein und spielte auf seiner Flöte.

Benjamins Flötenstück II

Musik: Martin Göth

Erzähler/in: Der Junge spielte von Mal zu Mal schöner und reiner. Er übte am Morgen und am Abend, Tag für Tag. Er wollte bereit sein, wenn der König kam. Keiner spielte so wie er.

Großvater: Würdest du auch für einen König ohne Krone, ohne Schwert und ohne Purpurmantel spielen?

Benjamin: Nein, nie! Wie soll mich ein König ohne Krone, ohne Schwert und ohne Purpurmantel belohnen? Ich will reich werden. Ich will Gold und Silber haben! Die anderen sollen staunen und mich beneiden!

Erzähler/in: Der alte Hirte wurde traurig. Ach, warum versprach er dem Enkel, was er selbst nicht mehr glauben konnte? Wie würde ER kommen? Auf den Wolken? Aus dem Himmel? Aus der Ewigkeit? Als Held? Oder nur als ganz kleines Kind? Arm oder reich? Bestimmt ohne Krone, ohne Schwert und Purpurmantel – und doch mächtiger als alle anderen Könige. Wie sollte das sein Enkel verstehen?

Maria betritt von links die Bühne bzw. den Altarraum. Gabriel kommt zu ihr.

Maria und Gabriel

Musik: Martin Göth

Erzähler/in: Doch Gott vergisst sein Volk nicht! Er sendet den Engel Gabriel in die Stadt Nazareth in Galiläa. Dort lebt eine junge Frau. Sie heißt Maria und ist mit einem Mann namens Josef verlobt, der aus dem Haus des Königs Davids stammt. Der Engel tritt bei ihr ein und sagt:

Gabriel: Fürchte dich nicht, Maria!
Gott, der Herr hat dich von allen Frauen der Welt für etwas ganz Herrliches auserwählt. Du sollst die Mutter seines Sohnes werden und ihm den Namen Jesus geben.

Maria: Ich bin die Magd des Herrn.
Mir geschehe, wie du es gesagt hast.

Instrumentalstück: Maria und Gabriel (1. Teil mit 2. Schluss)

Der Engel Gabriel geht ab.

Erzähler/in: In jenen Tagen erließ der Kaiser Augustus den Befehl, dass sich alle Bewohner seines Landes in Steuerlisten eintragen lassen müssen. So zog auch Josef mit Maria von Nazareth in Galiläa hinauf nach Judäa in die Stadt Davids, die Betlehem heißt, denn er war aus dem Haus und Geschlecht des Königs David. Er wollte sich mit Maria in die Steuerlisten eintragen lassen.

Maria und Josef gehen durch die Kirche/den Saal nach Betlehem. Am Ende bleiben sie mitten auf der Bühne/den Altarstufen stehen.

Maria und Josef

Musik: Martin Göth

Maria: Josef, ich kann nicht mehr! Lass uns hier übernachten!

Josef: Wir können doch nicht hier, auf dem Feld übernachten!

Maria: Niemand hat uns in das Haus gelassen. Alle Herbergen sind voll!

Benjamin kommt zu Josef und Maria

Benjamin: Wo kommt ihr denn her?

Josef: Aus Nazareth! Wir waren beim Eintragen in die Steuerlisten. Und jetzt suchen wir eine Bleibe für die Nacht!

Maria: Niemand lässt uns ein! Nicht einmal die Verwandten! Wir sind arm!

Benjamin: Und du erwartest ein Kind! Ich muss nach Ägypten, um mich in die Listen eintragen zu lassen. Aber der Kaiser kann warten! Ich bin Benjamin. Ich will euch helfen! Kommt mit! Wir gehen zu unserem Stall. Da habt ihr eure Ruhe und es ist warm.

Maria, Josef und Benjamin gehen zum Stall.

Maria: Ein Fremder hilft uns und fragt nicht lange. Gott sei mit dir, Benjamin!

Erzähler/in: Als sie im Stall waren, kam für Maria die Zeit der Geburt. Sie gebar ihren Sohn, den Erstgeborenen, wickelte ihn in Windeln und legte ihn in die Krippe, weil in der Herberge kein Platz für sie war.

Die Jesus-Puppe wird in die Krippe gelegt. Maria und Josef setzen sich links und rechts neben die Krippe.

Jesu Geburt

Musik: Martin Göth

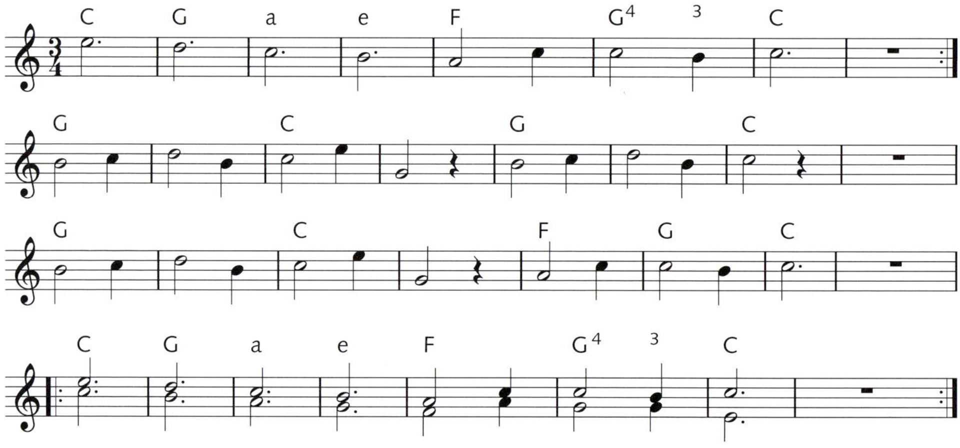

Benjamin: Merkwürdig! Wie heute die Sterne leuchten! Soll etwa heute der König Israels geboren werden? Der Kaiser kann warten! Ich gehe zurück zu den anderen!

Benjamin geht rechts zu den anderen Hirten.

Erzähler/in: Und wirklich, in dieser Nacht standen die Zeichen am Himmel, nach denen der Großvater immer Ausschau gehalten hatte. Über der Stadt Betlehem stand ein großer Stern. Dann erschienen Engel und sagten:

Engel stellen sich hinter die Hirten.

Engel: Fürchtet euch nicht! Euch ist heute der Heiland geboren. In Betlehem, im Stall findet ihr das Kind in Windeln gewickelt!

Erzähler/in: Der Junge lief voraus, dem Licht entgegen. Seine Flöte hielt er fest in der Hand. Er lief so schnell er konnte.

Benjamin läuft zum Stall. Die Hirten gehen hinterher.
Am Ende des Liedes kommen sie zum Stall (vgl. Text S. 86).

1. Hirte: Auf, ihr Hirten, wir wollen nach Betlehem gehen, um den neugeborenen König zu begrüßen.

2. Hirte: Den Friedensfürst, der uns den Frieden bringt.

Hirten auf dem Weg

Musik: Martin Göth

Die Hirten ziehen durch den Saal bzw. die Kirche. Sie nehmen ihre Hirtenstöcke mit und klopfen auf den Boden.
Beim zweiten Teil des Instrumentalstücks stellen sie den Hirtenstab auf den Boden und gehen um ihn herum. Beim Schlussteil klopfen sie wieder dreimal auf den Boden. Am Ende des Stücks kommen sie zum Stall.

Erzähler/in:	Da stand Benjamin als Erster und starrte auf das Kind. Es lag in Windeln gewickelt in einer Krippe. Die anderen Hirten, die ihn eingeholt hatten, fielen vor dem Kind auf die Knie, brachten Geschenke und beteten es an.
1. Hirte:	Ich bringe Holz für ein Feuer. Dieses Kind bringt Wärme in die Welt.
2. Hirte:	Ich bringe eine Kerze. Dieses Kind bringt Licht in die Welt.
3. Hirte:	Ich bringe Brot. Dieses Kind vertreibt die Not aus der Welt.
4. Hirte:	Ich bringe ein Lamm. Dieses Kind bringt die Liebe in die Welt.
5. Hirte:	Ich bringe Öl. Dieses Kind ist der Heiland und bringt Frieden.

Großvater: Ich glaube dir, Herr Jesu Christ, dass du der Messias bist.

Benjamin: Nein! Das muss ein Irrtum sein! Dieses Kind – ein reicher König? Nein! Hier spiele ich mein Lied nicht!

Benjamin geht von der Bühne/vom Altarraum in den Zuschauerraum.

Erzähler/in: Der Hirtenjunge drehte sich um, von Trotz erfüllt. Er trat in die Nacht hinaus.
Er sah weder den offenen Himmel, noch die Engel, die über dem Stall schwebten. Aber dann hörte er das Kind weinen. Er wollte es zunächst nicht hören. Er hielt sich die Ohren zu und lief weiter. Doch das Weinen verfolgte ihn. Es ging ihm zu Herzen. Es zog ihn zurück zur Krippe.

Benjamin geht zur Krippe zurück.

Da stand er zum zweiten Mal. Er sah, wie Maria, Josef und alle Hirten versuchten, das Kind zu trösten. Vergeblich! Was fehlte ihm nur? Da konnte er nicht anders. Er zog seine Flöte heraus und spielte sein schönstes Lied.

Benjamins Flötenstück III

Musik: Martin Göth

Erzähler/in: Das Kind wurde still. Es weinte nicht mehr. Es schaute den Jungen mit großen Augen an und lächelte. Da wurde er froh und spürte, wie das Lächeln ihn reicher machte, als alles Gold und Silber der Welt.

Hast du's schon gesehn?

Martin Göth

Allgemeines:
Dieses Krippenspiel lehnt sich sehr eng an das biblische Weihnachtsevangelium nach Lukas an (Lk 2,1 – 20). Die Zahlen in den Erzählpassagen weisen auf die entsprechenden Verse des Lukasevangeliums hin.

Darsteller:

Erzähler/in

Josef und Maria

Bote des Kaisers

Hirten

eventuell eine kleine Schafherde

Wirte und Wirtinnen

Oberengel und viele weitere Engel

Requisiten:

eine Krippe mit der Jesus-Puppe

eventuell eine Bodenvase mit Tannenzweigen hinter der Krippe

2 Stühle als Sitzgelegenheiten für Josef und Maria

eine Schriftrolle für den Boten des Kaisers

kleine Geschenke der Hirten

Aufstellung:

In der Mitte der Bühne bzw. des Altarraums wird die Krippe aufgestellt; dahinter eventuell eine Bodenvase mit Tannenzweigen.

Links und rechts von der Krippe befinden sich die zwei Sitzgelegenheiten für Josef und Maria.

2 Wirtshäuser, die von den Kindern auf großformatige Kartons aufgemalt oder von je zwei Schülern oder Erwachsenen angedeutet werden können (siehe Seite 13).

17 Hast du's schon gesehn?

Text: Rolf Krenzer; Musik: Martin Göth

2. Hast du's schon gehört?
hast du's schon gehört,
dass das Kind im Stall
allen Hass der Welt zerstört?
Es wird uns befrei'n,
immer bei uns sein,
denn es bringt die Liebe
in unsre Welt hinein.
Refrain

Erzähler/in: In jenen Tagen erließ Kaiser Augustus den Befehl, alle Bewohner des Reiches in Steuerlisten einzutragen.

Dies geschah zum ersten Mal; damals war Quirinius Statthalter von Syrien.

Da ging jeder in seine Stadt, um sich eintragen zu lassen.

So zog auch Josef von der Stadt Nazareth in Galiläa hinauf nach Judäa in die Stadt Davids, die Betlehem heißt; denn er war aus dem Haus und Geschlecht Davids.

	Er wollte sich eintragen lassen mit Maria, seiner Verlobten, die ein Kind erwartete.

Ein Bote tritt auf. Josef und Maria, die Wirtsleute und die Hirten versammeln sich um ihn herum. Der Bote entrollt ein Papier.

Bote:	Ihr Leute, hört mir zu! Ich bin ein Bote des Kaisers Augustus. Der Kaiser will, dass das ganze Volk gezählt wird. Deshalb muss jeder in seine Heimatstadt, um sich aufschreiben zu lassen. Du, Josef, musst mit deiner Verlobten Maria nach Betlehem. Das ist ein Befehl. Und nun geht!

Der Bote sowie die Hirten und Wirtsleute gehen von der Bühne bzw. aus dem Altarraum ab. Josef und Maria bleiben allein zurück.

Maria:	Ach, Josef, wie soll das gehen? Schon bald soll mein Kind geboren werden.
Josef:	Mach dir keine Sorgen, Maria. Gemeinsam werden wir es schaffen. Und Gott wird immer mit uns sein. Er lässt uns nicht im Stich.
	Josef und Maria machen sich auf den Weg nach Betlehem.

Während des Liedes ziehen Josef und Maria durch den Saal bzw. die Kirche und kommen zum ersten Wirtshaus. Sie klopfen an.

18 Weitergehen

Text und Musik: Martin Göth

Wirt/Wirtin: Wer klopft so spät an meiner Tür,
wer will zu dieser Zeit jetzt noch zu mir?

Josef und Maria: Arme Leute stehen hier.
Gebt uns für die Nacht Quartier.

Wirt/Wirtin: Kein Zimmer frei, es tut uns leid.
Kommt wieder zu 'ner andern Zeit.

Lied: Weitergehen

Josef und Maria gehen zum nächsten Wirtshaus. Auch dort klopfen sie an.

Wirt/Wirtin: Wer klopft so spät an meiner Tür,
wer will zu dieser Zeit jetzt noch zu mir?

Josef: Zwei arme Leute stehen hier,
Wir bitten höflich um Quartier.

Maria: Mein Kind wird heute Nacht geboren,
lasst uns ins Haus, sonst sind wir ganz verloren.

Wirt/Wirtin: Lasst das Jammern, lasst das Klagen,
denn das kann kein Mensch ertragen.
Ein Stall dort mög' euch Obdach geben,
das reicht für euch, ist gut zum Leben.

Lied: Weitergehen

Josef und Maria gehen zum Stall und setzen sich rechts und links neben die Krippe.

Erzähler/in: Als sie dort waren, kam für Maria die Zeit ihrer Niederkunft, und sie gebar ihren Sohn, den Erstgeborenen. Sie wickelte ihn in Windeln und legte ihn in eine Krippe, weil in der Herberge kein Platz für sie war.

Instrumental – Hast du's schon gesehn? (siehe S. 89)

Erzähler/in:	In jener Gegend lagerten Hirten auf freiem Feld und hielten Nachtwache bei ihrer Herde.
	Da trat der Engel des Herrn zu ihnen und der Glanz des Herrn umstrahlte sie. Sie fürchteten sich sehr,
	der Engel aber sagte zu ihnen: „Fürchtet euch nicht, denn ich verkünde euch eine große Freude, die dem ganzen Volk zuteil werden soll:
	Heute ist euch in der Stadt Davids der Retter geboren; er ist der Messias, der Herr.
	Und das soll euch als Zeichen dienen: Ihr werdet ein Kind finden, das, in Windeln gewickelt, in einer Krippe liegt."
	Und plötzlich war bei dem Engel ein großes himmlisches Heer, das Gott lobte und sprach:
	„Verherrlicht ist Gott in der Höhe / und auf Erden ist Friede / bei den Menschen seiner Gnade."

Während des Instrumentalstücks kommen Hirten, eventuell mit einer kleinen Schafherde, auf die Bühne bzw. in den Altarraum. Sie treiben die Schafe dort herum. Die Schafe legen sich schlafen und die Hirten setzen sich im Kreis nieder.

19 Instrumentale Hirtenweise

Musik: Martin Göth

1. Hirte:	Kalt ist es heute Nacht.
2. Hirte:	Und es ist so finster. Man sieht ja fast gar nichts.
4. Hirte:	Diese Finsternis macht mir große Angst.
3. Hirte:	Kommt, wir wollen enger zusammenrücken, damit es uns warm wird.

Während des Liedes treten die Engel auf und stellen sich im Halbkreis hinter die Hirten.

4. Hirte:	Was ist das? Überall ist Licht!

3. Hirte: Die Dunkelheit ist weg. Die Nacht ist ganz hell.

2. Hirte: Die Engel kommen immer näher!

Oberengel: Fürchtet euch nicht!
Ich verkünde euch eine große Freude.
Heute ist der Retter der Welt geboren.
Jesus Christus, Gottes Sohn.
Und das soll euch als Zeichen dienen:
Ihr werdet ein Kind finden, das, in Windeln gewickelt,
in einer Krippe liegt.

Am Ende des Liedes gehen die Engel zur Krippe und stellen sich im Halbkreis hinter Josef und Maria auf. Die Hirten stehen auf.

20

Ehre sei Gott

Text und Musik: Martin Göth

1. Hirte: Kommt, wir geh'n nach Betlehem,
um das Ereignis zu sehen,
das uns der Herr verkünden ließ.

4. Hirte: Ja, wir wollen dem Kind Geschenke mitbringen.

3. Hirte: Wir haben zwar nicht viel, aber Gott weiß,
dass unsere Geschenke von Herzen kommen.

Die Hirten gehen los, wandern durch die Kirche bzw. den Saal und kommen am Ende des Liedes bei der Krippe an.

21 Komm doch mit und lass uns gehn

Text: Paul Weininger; Musik: Martin Göth

Refrain

2. Wir wollen sehen, was geschah,
in dieser schweren Zeit,
und hoffen, dass das Kind im Stall
uns aus der Not befreit.

Refrain

3. Wir wollen sehen, was geschah,
an jenem fernen Ort.
Wir spüren: Gott ist uns ganz nah
und er erfüllt sein Wort.

Refrain

4. Kommt alle mit nach Betlehem
   und seht nur, was geschah.
   Maria hat ein Kind gebor'n.
   Singt froh: Halleluja!

Refrain

5. Kommt alle mit nach Betlehem
   und klatscht und tanzt und singt,
   weil dieses kleine Kind im Stall uns Gottes Frieden bringt.

Refrain

Am Ende des Liedes kommen alle zur Krippe und setzen sich. Maria steht auf.

Maria:	Schön, dass ihr alle gekommen seid.
Josef:	Kommt her und freut euch mit uns!
Maria:	Jesus, Gottes Sohn, ist heute geboren.
Josef:	Jesus, der Retter der Welt.

Die Hirten bringen Geschenke: eine Decke, ein Licht, ein Schafsfell usw.

1. Hirte:	Ich schenke dir eine warme Decke.
Alle:	Wir schenken es von Herzen.
2. Hirte:	Ich schenke dir das helle Licht.
Alle:	Wir schenken es von Herzen.
3. Hirte:	Ich schenke dir ein schönes Fell.
Alle:	Wir schenken es von Herzen.

Erzähler/in: Als die Hirten es sahen, erzählten sie, was ihnen über dieses Kind gesagt worden war. Und alle, die es hörten, staunten über die Worte der Hirten.

Maria aber bewahrte alles, was geschehen war, in ihrem Herzen und dachte darüber nach.

Die Hirten kehrten zurück, rühmten Gott und priesen ihn für das, was sie gehört und gesehen hatten; denn alles war so gewesen, wie es ihnen gesagt worden war.

Lied: Hast du's schon gesehn? (siehe S. 89)

Während des Schlussliedes ziehen alle in der Kirche bzw. im Zuschauerraum anwesenden Kinder mit ihren Eltern zur Krippe.

3. Hat man dir's erzählt?
Hat man dir's erzählt?
Mitten in der Nacht
ist gebor'n der Herr der Welt!
Bleib nicht länger steh'n!
Willst du mit mir geh'n,
in dem kleinen Stall
unsern König anzuseh'n?

Refrain

4. Ruf die andern her!
Ruf die andern her!
Geh'n wir all' zusammen,
dann werden's immer mehr!
Drum stimmt fröhlich ein
und lauft hinterdrein,
denn das Kind im Stall
will uns Freund
und Bruder sein.

Refrain

Zwei weihnachtliche Kinder-Musicals

Die kleine Maus war auch dabei

Martin Göth

Allgemeines:
Bei diesem Weihnachtsmusical für Kinder handelt es sich um die Weihnachtsgeschichte aus der Sicht von Topolino, der kleinen Maus, ihrer Familie und der Tiere, so, wie sie bei uns im Wald vorkommen. Die Erfahrung zeigt, dass die Kinder gerne in Tierrollen schlüpfen und aus dieser Perspektive das Weihnachtsgeschehen erleben können.
Ein Kinder- bzw. Jugendchor singt die Lieder vor. Die Schauspieler können natürlich, wenn es passt, auch mitsingen.

Vorbereitung:
Wenn die Zuschauer in den Saal bzw. in die Kirche kommen, dann erhalten die Kinder unter ihnen zur Vorbereitung kleine Fellchen oder Wattebäuschchen.

Darsteller:	die kleine Maus Topolino
	Josef und Maria
	mehrere Mäuse
	Esel
	weitere Tiere des Waldes, z.B. Fuchs, Reh, Hirsch, Eule und andere Vögel etc.
	mehrere grün gekleidete „Baumkinder"
Requisiten:	kleine Fellchen oder Wattebäuschchen
	evtl. Heu und Stroh (bzw. alles, was den Stall warm macht)
	eine Krippe mit der Jesus-Puppe

Klanghölzer (Eselgetappel)

2 „Heusitze" für Josef und Maria

ein armseliger Stall (z.B. ein Bretterverschlag mit vielen Ritzen oder eine löchrige Krippe)

verschiedene Tierverkleidungen bzw. Tierfelle und Tiermasken

Verkleidungen für die Baumkinder

Aufstellung: Links auf der Bühne bzw. im Altarraum steht der ziemlich löchrige „Bretterverschlagstall" oder die löchrige Krippe, schräg zu den Zuschauern hin positioniert.

Rechts auf der Bühne bzw. im Altarraum stellen sich die „Baumkinder" auf.

22 Was macht die Maus im Krippenstroh?

Text: Rolf Krenzer; Musik: Martin Göth

Refrain 2: Was will die Maus, was will die Maus
im Krabbel-Krippenstroh?
Oho, oho! Die Maus im Krippenstroh.

2. Strophe: Wenn Gottes Sohn geboren ist,
muss jemand sein, der ihn begrüßt.
Oho, oho! Die Maus im Krippenstroh.
Drum hat die Maus sich aufgemacht
und wartet schon seit gestern Nacht
ganz artig still und fein,
um gleich dabei zu sein.

Refrain 2: Was will die Maus, was will die Maus
im Krabbel-Krippenstroh?
Oho, oho! Die Maus im Krippenstroh.

Topolino, die kleine Maus, kommt herein.

Topolino: Hallo Kinder! Hallo Leute!
Ich bin die kleine Maus Topolino!
Ich bin die Maus im Krippenstroh.
Wisst ihr, ich hab gehört, dass heute Nacht Jesus geboren werden soll. Und ich bin schon ganz aufgeregt.

Mit Klanghölzern wird „Eselgetrappel" simuliert.

Topolino: Oh, was höre ich da?
Pferdegetrappel, oder ist das gar ein Esel?
Ich muss mich schnell verstecken.

Topolino versteckt sich. Josef und Maria kommen mit ihrem grauen Esel von rechts auf die Bühne bzw. in den Altarraum. Sie gehen zwischen den „Baumkindern" hindurch, die sich leicht bewegen können. Zum Schluss kommen Josef und Maria mit ihrem Esel zum Stall links auf der Bühne.

23 Kleiner Esel

Text: Rolf Krenzer; Musik: Martin Göth

2. Kleiner Esel, kleiner Esel,
sag, wo ist dein Ziel?
Kleiner Esel, kleiner Esel,
sag, wo ist dein Ziel?
Der Josef führt dich mit Geschick
so sicher an dem festen Strick
zum alten Stall. Er ist ganz nah.
Und Heu und Stroh, das gibt es da.
Kleiner Esel, kleiner Esel,
ein Esel weiß nicht viel.
Kleiner Esel, kleiner Esel,
ein Esel weiß nicht viel.

3. Kleiner Esel, kleiner Esel,
irrst du dich auch nicht?
Kleiner Esel, kleiner Esel,
irrst du dich auch nicht?
Im ganzen Ort kein Zimmer mehr!
Wenn da der alte Stall nicht wär.
Im Stall wird Gottes Sohn heut Nacht
so arm und klein zur Welt gebracht.
Kleiner Esel, kleiner Esel,
nein, nein, du irrst dich nicht.
Kleiner Esel, kleiner Esel,
nein, nein, du irrst dich nicht.

4. Kleiner Esel, kleiner Esel,
ist das Wunder da,
kleiner Esel, kleiner Esel,
ist das Wunder da,
dann kommen Hirten hier herein,
um bei dem Kind im Stall zu sein.
Sie knien vor der Krippe dann
und beten Jesus Christus an.
Kleiner Esel, kleiner Esel,
und du bist ihm ganz nah.
Kleiner Esel, kleiner Esel,
und du bist ihm ganz nah.

Maria:	Ach, Josef. Gott sei Dank haben wir hier ein Dach über dem Kopf. Lass uns da bleiben und uns ausruhen.
Josef:	Ja, Maria. Der Weg war weit, der Weg war schwer. Ich bin auch kaputt. Und du, Grauer, ruh dich auch ein wenig aus.
Maria:	Aber kalt ist es hier.
Josef:	Ja. Überall pfeift der Wind durch die Ritzen.
Esel:	Brrrrr, I-ah!

Maria entdeckt die Maus Topolino.

Maria:	Oh, Josef, sieh nur, eine Maus im Stroh.
Josef:	Eine Maus im Krippenstroh.

Lied: Was macht die Maus im Krippenstroh?

Refrain 3:
Was hofft die Maus, was hofft die Maus
im Krabbel-Krippenstroh?
Oho, oho! Die Maus im Krippenstroh.

3. Strophe:
Dass Frieden unsre Welt regiert,
wenn hier das Kind geboren wird.
Oho, oho! Die Maus im Krippenstroh.
Dass Mensch und Tier sich gut versteh'n,
wenn sie zum Stall, zur Krippe geh'n.
So müsste es gescheh'n
und dürfte nie vergeh'n.

Refrain 3:
Was hofft die Maus, was hofft die Maus
im Krabbel-Krippenstroh?
Oho, oho! Die Maus im Krippenstroh.

Topolino:	Darf ich mich vorstellen? Ich bin Topolino, die kleine Maus.
Esel:	Du hast es gemütlich. Du bist klein. Da musst du sicher nicht frieren.
Topolino:	Oh nein. Auch mir ist kalt.
Josef:	Und Maria bekommt ein Kind. Wahrscheinlich heute Nacht.
Topolino:	Da müssen wir etwas unternehmen. Der Stall ist aber auch nicht mehr der jüngste.
Esel:	Überall zieht es.
Maria:	Und seht nur: Überall sind Löcher.

Die „Baumkinder“ bewegen sich und machen Wind. Währenddessen kommen die Tiere in den Wald und gehen zwischen den „Baumkindern“ herum. Am Ende des Liedes bleiben sie im Wald sitzen.

24 Bitterkalt ist es im Wald

Text: Rolf Krenzer; Musik: Martin Göth

Refrain:

Hui, hui, hui, hui!
Bitterkalt ist es im Wald.
Hui, hui, hui, hui!
In dem Wald ist's bitterkalt.

2. Bläst der Wind auch noch und noch,
schützen uns die Bäume doch,
helfen allen Tieren,
dass sie nicht mehr frieren.

Refrain

3. Schneit es dann im Winterwald,
ist es gleich nicht mehr so kalt.
Und so tanzen heute
alle voller Freude.

Refrain

Topolino: Ich habe eine Idee. Ich hole meine Familie und die Tiere im Wald und wir polstern den Stall aus, mit Heu und kleinen Fellchen.

Esel:	Das ist eine gute Idee. Ich komme mit.
Topolino:	O.K., Grauer. Lass uns losgehen.
Maria:	Danke, ihr beiden. Ihr seid so gut zu uns.

Topolino und der Esel marschieren los. Im Wald treffen sie verschiedene Tiere.

Esel:	Lauf nicht so schnell, Topolino! Ich bin nicht mehr der Jüngste.

Sie kommen zur Mäusefamilie.

Topolino:	Ach, Grauer, wir sind schon da. Hallo Mama, hallo Papa und ihr Mäuse alle. Kommt mit. Heute Nacht wird Jesus geboren. Der Retter der Welt. Der Stall, in dem er geboren wird, ist aber ganz kalt. Wir wollen ihn auspolstern und warm machen.
Esel:	Wir müssen die Tiere des Waldes zusammenrufen.

Die Mäuse und der Esel rufen die Tiere herbei, die im Wald sind.

Topolino:	Hallo Fuchs, Hirsch und Reh (Weitere Tiere werden benannt.) Kommt mit uns.
Esel:	Hallo Eule und ihr Vöglein alle, kommt mit uns zur Krippe, zum Stall.

Die Tiere ziehen durch die Kirche bzw. den Saal. Sie nehmen auch die Kinder aus dem Publikum mit, welche die zuvor ausgeteilten Fellchen bzw. Wattebäuschchen haben. Auch Heu, Stroh und anderes Dämmmaterial wird geholt. Am Ende des Liedes kommen sie alle beim Stall an und polstern diesen aus.

25 Zieht mit uns zum Kind im Stall

Text: Rolf Krenzer; Musik: Martin Göth

2. Kommt mit uns! Lasst alles steh'n.
   Kommt, das Kind euch anzuseh'n!
   Lauft jetzt zu der Krippe
   mit der Mäusesippe!
   Lauft, lauft, lauft durch Wind und Schnee,
   denn die Kälte tut ihm weh.

3. Hallo, Hirsch und Fuchs und Reh!
   Lauft mit uns durch Wind und Schnee!
   Lauft jetzt zu der Krippe
   mit der Mäusesippe!
   Lauft, lauft, lauft, lauft, lauft jetzt gleich,
   denn das Kind erwartet euch.

Maria:	Das habt ihr gut gemacht.
Josef:	Danke. Jetzt kann das Kind geboren werden.
Topolino:	Jetzt muss es nicht mehr frieren.
Esel:	Und wir hauchen ein wenig, dann wird es auch noch wärmer.
Maria:	Josef, ich glaube es ist soweit. Das Kind kommt.

Während des Liedes stellen sich die Tiere im Halbkreis vor der Krippe sowie Maria und Josef auf. Die Jesus-Puppe wird in die Krippe gelegt. Am Ende setzen sich die Tiere vor der Krippe nieder, sodass alle die Jesus-Puppe sehen können.

26 Das Weihnachtshalleluja

Text: Rolf Krenzer; Musik: Martin Göth

Topolino:	Oh, ist das Kind süß.
Esel:	I-ah!
Maria:	Oh, ihr seid so lieb. Jetzt ist es richtig kuschelig warm für das Kind.
Josef:	Danke, ihr lieben Tiere, dass ihr uns so geholfen habt.
Topolino:	Seht nur, da kommen ja noch mehr Tiere.

Langsam ziehen – jeweils bei ihrer Nennung in den Strophen des Liedes – weitere Tiere und auch die Kinder zur Krippe.

27 Die Tiere an der Krippe

Text: Rolf Krenzer; Musik: Martin Göth

2. Die Schafe traten ein
   und blökten zärtlich: „Mäh!"
   Sie kamen leis herein
   und blieben in der Näh.

Refrain

3. Der Esel war längst da
   und rief ganz stolz: „I-ah!
   Hört zu, ich war dabei,
   als das heut Nacht geschah!"

Refrain

4. Die Katze schlich herbei,
   sprang hoch zur Krippe schnell
   und wärmt das Jesuskind
   mit ihrem weichen Fell.

Refrain

5. Die Mäuse kamen auch
   und haben nicht gestört.
   Der Ochse muht: „Wie schön!"
   Und jeder hat's gehört.

Refrain

6. Die Vögel sangen dann
   dem Kind ein Kuschellied.
   Da hörten alle zu,
   und Josef summte mit.

Refrain

Topolino:	Wir wollen uns alle freuen, dass heute Jesus, der Retter der Welt geboren ist.
Maria:	Erzählt es allen Tieren und auch den Menschen, dass Jesus geboren worden ist.
Josef:	Vor allem auch den Kindern.
Esel:	Wir werden allen von dieser großen Freude erzählen.

Topolino steht auf und geht zur Mitte der Bühne bzw. des Altarraums.

Topolino:	Ja, liebe Kinder, so war das damals, als Jesus zur Welt kam. Da waren wir Tiere auch dabei und haben den Retter der Welt begrüßt. Erzählt es allen weiter und freut euch mit uns: Jesus ist heute geboren!

Lied: Das Weihnachtshalleluja (siehe S. 110)

2. Wisst ihr, was geschah,
   wisst ihr was geschah,
   als das Kind geboren?
   Da war der Himmel der Erde nah,
   denn Gott sagt: „Ich bin für euch da!
   Ich hab euch nicht verloren!"
   So ist sein Sohn geboren.

Refrain

3. Jubelt alle Welt,
   jubelt alle Welt,
   weil das Kind geboren.
   Es leuchtet der Stern am Himmelszelt
   und Gott hat ihn selbst dort hingestellt.
   Er hat ihn auserkoren,
   weil Gottes Sohn geboren.

Refrain

David, der kleine Hirtenjunge

Martin Göth

Allgemeines:
Das folgende Stück ist ein aufwendigeres Weihnachtsmusical* für Kinder mit ausgefeilten Liedern und Dialogen.

Darsteller:

Erzähler/in

Josef und Maria

der Hirtenjunge David und die „Sprecher-Hirten“ Joram, Asam und Samuel (Die Hirtendialoge können aber auch auf eine größere Anzahl von Hirten verteilt werden.)

weitere Hirten und eventuell eine kleine Schafherde können ebenfalls in das Musical miteingebaut werden

Ahas, Tobias, Efraim, Miriam und andere Arme, Schwache, Kranke und Kinder sowie ein paar Tiere, die sich mit den Hirten auf den Weg zum Stall machen

Engel

* Hörspiel-CD zum Musical „David, der kleine Hirtenjunge“ erschienen im Kleinen Stern-Verlag, Ortenburg (www.KleinerStern-Verlag.de)

Requisiten:

eine Krippe mit Jesus-Puppe, dahinter eventuell eine Bodenvase mit Tannenzweigen oder einen kleinen Tannenbaum

2 Stühle als Sitzgelegenheiten für Josef und Maria

etwas Heu und Stroh für die Krippe

eventuell Hirtenstäbe für die Hirten

Holzscheite für ein Hirtenfeuer

weiße (Chiffon-)Tücher für die Engel

Brot und Milch für die Brotzeit

1 oder mehrere Laterne/n für die Hirten

kleine Geschenke der Hirten

Aufstellung:

In der Mitte der Bühne bzw. des Altarraumes wird die Krippe aufgestellt, dahinter eventuell eine Bodenvase mit Tannenzweigen oder einen kleinen Tannenbaum.

Links und rechts davon werden zwei Sitzgelegenheiten für Josef und Maria platziert.

Josef und Maria positionieren sich zu Beginn der Aufführung hinten im Saal bzw. in der Kirche.

Die Engel können bei der Aufführung in einer Kirche zu Beginn beim Hochaltar Platz nehmen, ansonsten sind sie zunächst hinter der Bühne versteckt.

Die Schafe und Hirten sitzen vor Spielbeginn in den ersten Bankreihen der Kirche bzw. im Saal hinter der Bühne und kommen während der Hirtenmelodie nach und nach auf die Bühne bzw. in den Altarraum.

Kommt und singt ein Lied mit mir

Text: Rolf Krenzer; Musik: Martin Göth

1. Kommt und klatscht zu unserm Lied …

2. Kommt und winkt zu unserm Lied …

Begrüßung durch den Veranstalter

Hirtenweise – Instrumental *(siehe S. 117)*

Während der Hirtenweise gehen Josef und Maria durch den Saal bzw. die Kirche zur Krippe. Sie setzen sich links und rechts daneben hin. Anschließend treiben David und seine Hirtenfreunde eine Schafherde über die Bühne/den Altarraum. Am Ende des Liedes setzen sie sich am Bühnenrand bzw. auf den Altarstufen im Halbkreis nieder, die Schafe legen sich etwas abseits zur Ruhe.

1. Szene: Hirten auf dem Felde

Erzähler/in: Das ist David

David steht auf, geht zur Bühnenmitte und winkt den Zuschauern.

Erzähler/in: Er ist ein kleiner Hirtenjunge. Und täglich muss David mit seinen Freunden schwer arbeiten. Ihr könnt euch vorstellen, dass sie am Abend ganz müde sind. Sie legen sich hin und schlafen. Nur David bleibt wach. Er hält Nachtwache.

Die Hirten legen sich hin und schlafen.

Hirtenweise – Instrumental

Musik: Martin Göth

Erzähler/in: Am Morgen ist es die Aufgabe von David, dass er seine Freunde aufweckt.

David steht auf und weckt die Hirten.

Bei der 1. Strophe stehen die Hirten auf, reiben sich den Schlaf aus den Augen, recken und strecken sich, waschen sich und werden langsam wach. Während des Refrains gehen sie durch den Saal/die Kirche zu ihren Schafen.

Lied der Hirten: Wir Hirten haben viel zu tun

Text: Rolf Krenzer; Musik: Martin Göth

Die Hirten treiben die Schafe durch den Saal bzw. die Kirche.

2. Passt gut auf die Herde auf!
Treibt die Schafe an!
Auf, mein Schäfchen, lauf, lauf, lauf!
Und so packt ein jeder,
packt ein jeder, jeder gleich mit an.

Refrain

Die Strophen 3 bis 5 können hintereinander gesungen werden, ohne den Refrain dazwischen. Die Hirten spielen dazu. Diese drei Strophen können aber auch komplett entfallen.

3. Schert den Schafen nun das Fell!
Jeder packt mit an!
Seht, so geht es gut und schnell.
Und es zeigt ein jeder,
zeigt ein jeder, jeder was er kann.

4. Und dann fangen wir sogleich
mit dem Spinnen an.
Zarte Wolle, warm und weich.
Und schon spinnt ein jeder,
spinnt ein jeder, jeder Wolle dann.

5. Aus der Wolle stricken wir
warme Jacken dann.
Wie man's macht, weiß jeder hier.
Und schon fängt ein jeder,
fängt ein jeder, jeder damit an.

Die Hirten richten ein Lagerfeuer mit Holzscheiten her.

Refrain

Die Hirten setzen sich zusammen um das Lagerfeuer und teilen Brot und Milch.

6. Wer nun kommt zum Abendbrot,
weil er Hunger hat,
teilt mit jedem Milch und Brot.
Und so wird ein jeder,
wird ein jeder, jeder wieder satt.

Die Hirten verzehren ihre Brotzeit.

Refrain

David und die anderen Hirten legen sich schlafen. Joram, Asam und Samuel halten Nachtwache.

7. Jeder muss von früh bis spät
immer fleißig sein.
Wenn der Mond am Himmel steht.
Ja, dann schläft ein jeder,
schläft ein jeder, jeder müde ein.

Erzähler/in:	Eines Abends bleiben David und die anderen Hirten auf dem Feld bei ihrer Herde. Sie haben sich in warme Decken eingewickelt und ein großes Feuer angezündet, denn es ist sehr kalt in dieser Nacht. Alle schlafen schon. Nur Samuel, Asam und Joram kauern um das Feuer und halten Wache. Die Hunde schleichen um die Herde herum, um diese vor den wilden Tieren zu schützen.

Samuel, Asam und Joram sitzen, sich die Hände reibend, um das Feuer herum. Die Wachhunde schleichen um die Schafherde. Joram zeigt auf die schlafenden Hirten.

Joram:	Die haben es gut, die können jetzt schlafen.
Asam:	Ich würde mich auch lieber hinlegen und schlafen. Es war heute ein sehr anstrengender Tag und ich bin soooo müde.
Samuel:	Irgendwer muss ja Wache halten. Oder wollt ihr, dass die wilden Tiere über die Schafe herfallen.
Joram:	Natürlich nicht!
Asam:	Komm, Joram, leg noch mal Holz nach, damit das Feuer nicht erlischt.

Joram steht auf, um Holz zu holen. Da bleibt er plötzlich stehen. Er schaut zu den Engeln, die sich langsam erheben bzw. auf die Bühne kommen. Die Engel strecken dabei ihre Arme nach oben und winken mit den weißen Tüchern. Joram zeigt auf die Engel.

Joram:	He, Samuel, he, Asam! Seht mal da hinten!
Asam:	Was ist da?
Joram:	Ein heller Schein, so hell, wie ich es noch nicht gesehen habe.
Asam:	Ja, wirklich!

Joram, Asam und Samuel gehen zu den restlichen, schlafenden Hirten und wecken diese auf.

Joram: He, aufwachen!
Seht mal da hinten, ein helles Licht!

Verschlafen richten sich die Hirten auf. Sie gähnen, reiben sich die Augen und schauen zu den Engeln.

Samuel: So hell leuchten die Sterne nur,
wenn ein König geboren wird.

David steht auf und geht zu Samuel.

David: Was? Ein König wird geboren?
In einem richtigen Schloss mit Türmchen?

Samuel: Das ist nicht gesagt.
Sieh mal, der große König David war auch nur ein kleiner Hirtenjunge, als ihn Gott zum König auserwählt hat.

Joram: Seht nur, der Schein wird immer größer!

Langsam kommen die Engel zu den Hirten.

Asam: Er kommt immer näher zu uns!

Erzähler/in: Die Hirten fürchten sich sehr. Sie wissen nicht, was das zu bedeuten hat.
David rückt ganz nahe zu Samuel. Samuel ist der stärkste unter den Hirten und er hat vor nichts Angst. Aber selbst er zittert, als dieses gewaltige Leuchten über dem Hirtenfeld ist.

2. Szene: Engel verkünden die Geburt des Herrn

Der Engelschor tritt zu den Hirten. Diese rücken ganz eng zusammen. Die Schafe blöken, und auch sie kuscheln sich eng aneinander. Die Engel stellen sich im Halbkreis hinter die Hirten. Am Ende des Liedes ziehen sie wieder zurück zu ihrem Ausgangspunkt, also entweder in der Kirche zum Hochaltar oder hinter die Bühne.

Fürchtet euch nicht

Text: Rolf Krenzer; Musik: Martin Göth

2. Maria hat heut Nacht
ein Kind zur Welt gebracht.
Das Kind, jetzt wisst ihr's schon
ist Gottes eig'ner Sohn.

3. So macht euch jetzt bereit!
Lauft hin! Es ist nicht weit!
Im Stall dort liegt das Kind.
Jetzt macht euch auf, geschwind!

Erzähler/in: Nachdem die Engel verschwunden sind, sitzen die Hirten wie benommen da.
Keiner wagt ein Wort zu sagen. Da springt David plötzlich auf und ruft den anderen zu:

David springt auf.

David:	Kommt, wir wollen uns auf den Weg machen und zum Stall eilen.
Joram:	Ja, David hat Recht. Lasst uns laufen, um das Kind zu sehen.
Asam:	Den Retter der Welt!

Die Hirten stehen auf und wollen schon losgehen. Da bleibt David noch einmal stehen und hält auch die anderen auf.

David:	Halt! Wir wollen dem Kind Geschenke mitbringen.
Samuel:	Mit leeren Händen können wir wirklich nicht vor den Erlöser treten.
Joram:	Ich habe aber nichts, außer dem Stück Brot.
Asam:	Und ich bringe ihm die Milch.
David:	Und ich habe ein weiches Fell.
Samuel:	Das ist doch schon was. Packt die Sachen zusammen. Ich glaube, dieses Kind wird verstehen, dass unsere Gaben zwar klein sind, aber von Herzen kommen.
Erzähler/in:	Die Hirten packen ihre Sachen zusammen. Sie löschen das Feuer aus, zünden eine Laterne an und machen sich mit den Schafen auf den Weg.

3. Szene: Die Hirten machen sich auf den Weg und laden zum Mitkommen ein

Die Hirten packen ihre Geschenke ein und machen sich durch den Saal bzw. die Kirche auf den Weg zur Krippe.

Auf ihr Hirten

Text: Rolf Krenzer; Musik: Martin Göth

2. Auf, ihr Hirten, bringt dem Kind
mit die besten Sachen.
Weil's dort arme Leute sind,
wird es Freude machen.
Refrain

3. Auf, ihr Hirten! Wen ihr seht,
sagt ihm, was geschehen.
Dass er kommt und mit euch geht,
um es auch zu sehen.
Refrain

4. Auf, ihr Hirten, lauft zum Stall,
um das Kind zu finden.
Sagt es weiter, überall,
wie's die Engel künden.
Refrain

Arme, Schwache, Kranke und Aussätzige kommen auf die Bühne und setzen sich am Bühnenrand bzw. auf die Altartreppe hin. Die Hirten kehren unterdessen zur Bühne bzw. zum Altarraum zurück.

Erzähler/in:	Am Dorfrand von Betlehem treffen die Hirten auf Menschen, die in Lumpen gekleidet auf der Straße sitzen und liegen. Es sind die Aussätzigen und die Kranken, die nicht mehr bei den Gesunden leben dürfen. Sie sind von den Menschen ausgestoßen. Als sie die Hirten erblicken, rücken sie näher, um eine kleine Gabe zu erbetteln. Ahas, der von Kindheit an gelähmt ist, humpelt mit seinen Krücken auf David zu.

Ahas:	Wohin geht ihr mitten in der Nacht?
David:	Wir eilen nach Betlehem zum Stall. Dort ist der Retter der Welt geboren.
Ahas:	Tobias, Efraim, Mirjam, habt ihr das gehört? Der Retter ist geboren! Er wird uns alle heilen. Kommt, da gehen wir mit!
Tobias:	Ich würde ja gerne mitkommen, aber ich bin blind und kann den Weg nicht mehr sehen.
Samuel:	Das macht nichts, ich werde dich führen.

Samuel geht zu Tobias und nimmt ihn an die Hand.

Ahas:	Und ich mit meinen Krücken. Ich halte euch nur auf!
Joram:	Nein, ich werde dich stützen. Und wenn es sein muss, trage ich dich ein Stück.

Joram geht zu Ahas und stützt ihn.

Tobias:	Und Efraim? Er kann nichts mehr hören.
Ahas:	Und Mirjam? Sie kann nicht mehr sprechen?

David: Um die kümmere ich mich.
Wir werden uns mit Händen und Füßen unterhalten.
Aber jetzt kommt, wir wollen uns auf den Weg machen und noch viele Menschen mitnehmen und ihnen die frohe Botschaft verkünden.

Für dieses Lied kann man vor der Aufführung mit dem gesamten Publikum den Refrain einstudieren.

Samuel führt bei der 1. Strophe den blinden Tobias mit. Beim Refrain gehen die Hirten durch die Kirche/den Saal.

Komm und gib mir deine Hand

Text: Rolf Krenzer; Musik: Martin Göth

David nimmt bei der 2. Strophe den tauben Efraim mit.

2. Nimm den Tauben, fass ihn an,
   sprich ein gutes Wort.
   Weil er dir vertrauen kann,
   folgt er dir sofort.

Die Hirten gehen mit Tobias und Efraim durch den Saal bzw. die Kirche. Am Ende des Refrains kommen sie wieder zurück.

Refrain

Joram hilft dem lahmen Ahas.

3. Helft dem Lahmen, helft ihm auf
   und er spürt geschwind,
   wie so leicht ihm bald darauf
   seine Beine sind.

David nimmt die stumme Mirjam mit.

4. Lasst ja nicht die Stumme steh'n
   und vergesst sie nicht.
   Und ihr werdet sie versteh'n,
   wenn sie zu euch spricht.

Die Hirten gehen mit Tobias, Efraim, Mirjam und Ahas erneut durch den Saal bzw. die Kirche und kommen am Ende des Refrains wieder zur Bühne bzw. zum Altarraum zurück.

Refrain

Nun nehmen die Hirten einige Erwachsene unter den Zuschauern mit.

5. Arme, Schwache ladet ein.
   Auch wer arbeitslos,
   zieht mit allen hinterdrein
   und der Zug wird groß.

Die Hirten nehmen Kinder mit ihren Eltern aus dem Zuschauerraum mit.

6. Nehmt auch alle Kinder hier
   und lasst ja keins steh'n.
   Ohne Kinder bräuchten wir
   gar nicht loszugeh'n.

Alle gehen durch den Saal bzw. die Kirche. Am Ende des Refrains kommen sie zur Krippe. Der Refrain kann so oft gesungen werden, bis alle bei der Krippe angekommen sind.

Refrain

4. Szene: Die Hirten kommen zum Stall und bringen ihre Geschenke

Erzähler/in: Da ist er also, der armselige Stall von Betlehem. Doch heute erstrahlt er in einem ganz besonderen Licht. Behutsam und andächtig treten die Hirten und all die, die mitgekommen sind näher.

Die Engel kommen zur Krippe und stellen sich hinter Josef und Maria im Halbkreis auf. Maria steht auf und begrüßt alle.

Maria: Schön, dass ihr alle gekommen seid.

David: Die Engel haben uns auf dem Feld verkündet,
dass heute, hier in Betlehem, der Retter der Welt geboren ist.

Joram: Wir haben uns gleich auf den Weg gemacht.

Asam: Die ganze Nacht sind wir gegangen,
um das Kind zu begrüßen.

Samuel: Den König der Welt, den Messias.

Maria: Er ist Gottes Sohn, der uns Menschen erlösen wird.

David tritt zur Krippe und sieht die Jesus-Puppe an.

David: Er hat so freundliche Augen.

Maria: Willst du es einmal tragen?

Maria nimmt das Kind aus der Krippe und legt es David in die Arme. David trägt das Kind herum und zeigt es den anderen. Dann nimmt Maria das Kind wieder und legt es in die Krippe zurück.

David:	Wir haben auch Geschenke mitgebracht.
Samuel:	Sie sind nicht groß, aber sie kommen von Herzen.
Maria:	Oh, ihr seid so gut zu uns.
Josef:	Vielen Dank für alles. Gott wird es euch vergelten.

Die Hirten packen ihre Geschenke aus und bringen sie bei der jeweiligen Strophe zur Krippe.

Was jeder heute schenken will

Text: Rolf Krenzer; Musik: Martin Göth

2. Die weiche Decke schenke ich; seid ihr darüber froh, dann freu ich mich, dann freue ich mich ebenso.

3. Das kleine Licht, das schenke ich; seid ihr darüber froh,
   dann freu ich mich, dann freue ich mich ebenso.

4. Das weiche Fell, das schenke ich; seid ihr darüber froh,
   dann freu ich mich, dann freue ich mich ebenso.

Weitere Strophen und Geschenke können eingebaut werden

Erzähler/in: Nachdem jeder sein Geschenk abgegeben hat, lacht das Kind alle an.
Ein helles Leuchten strahlt im Stall auf und alle fühlen in ihren Herzen ein Glück und eine Freude, wie sie es noch nie gespürt haben. Da begreifen sie, dass Gott mit diesem Kind im Stroh seine Liebe in die Welt gesandt hat.

Während des Liedes können weitere Kinder aus dem Zuschauerraum nach vorne kommen.

Kind im Stroh

Text: Rolf Krenzer; Musik: Martin Göth

2. Kind im Stroh,
du machst uns so froh,
denn du hast in der Nacht,
mit dir Licht und Sonne
in unsre Welt gebracht.

3. Kind im Stroh,
du machst uns so froh,
denn du hast in der Nacht
mit dir das Vertrauen
in unsre Welt gebracht.

4. Kind im Stroh,
du machst uns so froh,
denn du hast in der Nacht,
mit dir neue Hoffnung
in unsre Welt gebracht.

Weihnachtliche Krippenfeiern

Vorschläge für eine Kinder-Krippenfeier

Martin Göth

In vielen Pfarreien ist es eine lieb gewonnene Einrichtung geworden, am Nachmittag des Heiligen Abends eine – wie es im Volksmund oft heißt – „Kindermette" für Kindergarten- und Grundschulkinder zu feiern. Da der Begriff „Mette" eigentlich auf die mitternächtliche „Christmette" hinweist, wird in diesem Buch bewusst auf die Bezeichnung „Kindermette" verzichtet und stattdessen von einer „Krippenfeier für Kinder" bzw. einer „weihnachtlichen Andacht für Kinder mit Krippenspiel" gesprochen.
Zudem wird hier auch auf die Verknüpfung der Krippenfeier mit einer Eucharistiefeier verzichtet, da die Kinder erst ab der 4. Klasse zur Kommunion gehen und die Krippenfeier ja in erster Linie für Kindergarten- und Grundschulkinder gestaltet werden soll.
Die anschließenden Ausführungen sind als Vorschlag für den Ablauf einer solchen Kinder-Krippenfeier gedacht, an dem man sich orientieren kann, der aber auch jederzeit gemäß der jeweils konkret vor Ort gegebenen Verhältnisse umgestaltet werden kann.
Wichtig ist es ferner, dass das Vorbereitungsteam die Details der Kinder-Krippenfeier mit dem Ortspfarrer bzw. dem Vorsteher dieser weihnachtlichen Andacht abspricht, um die Feier auch liturgisch einwandfrei gestalten zu können.
Der Krippenfeier kann der Ortspfarrer, der Kaplan, ein Diakon oder ein/e Wortgottesdienstleiter/in vorstehen. Im Folgenden wird diese Person der Einfachheit halber als Vorsteher/in bezeichnet.

Anfangslied
Zu Beginn der Feier kann man eventuell noch ein schönes Adventlied singen, um dann in der Begrüßung darauf einzugehen, dass die Adventszeit nun zu Ende ist und wir die Geburt Jesu feiern dürfen.

Begrüßung und Hinführung
Vorsteher/in: Im Namen des Vaters und des Sohnes und des Heiligen Geistes

Alle: Amen.

Der/Die Vorsteher/in begrüßt die Gemeinde. Er/Sie weist auf die große Bedeutung des weihnachtlichen Geschehens hin: Jesus, der Sohn Gottes, kommt als kleines Kind in einem armseligen Stall in unsere Welt.

Kyrie-Rufe
(siehe dazu Vorschläge auf Seite 143)

Lobpreislied
An dieser Stelle kann ein weihnachtliches Lobpreislied angestimmt werden.

Eröffnungsgebet
(siehe dazu die Vorschläge auf Seite 144)

Vortrag des Weihnachtsevangeliums
Das Weihnachtsevangelium muss nicht unbedingt gelesen werden, da die Geburt Jesu im nun folgenden Krippenspiel von den Kindern gespielt wird.

Krippenspiel
(siehe dazu die Krippenspielvorschläge)

Kurze Ansprache des/r Vorstehers/in
Hier kann der/die Vorsteher/in ein paar erklärende und weiterführende Worte zum Weihnachtsevangelium sprechen.

Weihnachtlicher Text, Gedicht oder Gebet
An dieser Stelle können die Kinder einen weihnachtlichen Text bzw. ein entsprechendes Gedicht oder Gebet vortragen. (Vorschläge dazu finden sich ab Seite 148)

Fürbittgebet
(siehe dazu die Vorschläge auf Seite 145)

Vater unser

Vorsteher/in:	Lasset uns beten, wie der Herr uns zu beten gelehrt hat:
Alle:	Vater unser im Himmel...

Friedensgruß

Vorsteher/in:	Die Engel haben den Hirten den Frieden verkündet. Wir bitten Dich, guter Gott: Schenke uns und der ganzen Welt Deinen Frieden. Gebt einander ein Zeichen des Friedens und der Versöhnung.

An dieser Stelle kann ein weihnachtliches Friedenslied gesungen werden.

Gebet vor dem Segen

(siehe dazu die Vorschläge auf Seite 147)

Segen

Vorsteher/in:	Es segne uns der gute Gott, der Vater, der Sohn und der Heilige Geist.
Alle:	Amen.
Vorsteher/in:	Geht und verkündet den weihnachtlichen Frieden.
Alle:	Dank sei Gott, dem Herrn.

Dankesworte

Schlusslied

Hierfür bietet es sich an, ein bekanntes Weihnachtslied zu singen, sodass die ganze Gemeinde mitsingen kann, also z.B. „O du fröhliche" oder „Stille Nacht".

Die Geburt Jesu – eine weihnachtliche Krippenfeier

Martin Göth

Allgemeines:
Diese kleine Krippenfeier kann ohne viel Aufwand und Vorbereitung als Andacht für Kinder an Heiligabend gestaltet werden. Kernstück der Feier ist das Weihnachtsevangelium nach Lukas (Lk 2,1–20) sowie bekannte Gotteslob-lieder (Abkürzung im Folgenden: GL).
An der Feier können auch Ministranten mit Weihrauchfass und mit Kerzen mitwirken. Der Evangelientext wird vom Ambo aus vorgelesen, wobei die Kinder die Weihnachtsgeschichte pantomimisch zum Evangeliums-Text darbieten.

Darsteller: Josef und Maria
Hirten (evtl. mit einer kleinen Schafherde)
Engel

Requisiten: eine Krippe mit Jesus-Puppe
2 Stühle als Sitzgelegenheiten für Josef und Maria

Aufstellung: In der Mitte des Altarraums wird die Krippe aufgestellt, links und rechts davon befinden sich die zwei Sitzgelegenheiten für Josef und Maria.

Der/Die Lektor/in liest vom Ambo aus.

Maria und Josef stellen sich zu Beginn des Krippenspiels der Feier hinten in der Kirche auf, während die Hirten und Schafe in der ersten Kirchenbank Platz nehmen.

Die Engel positionieren sich zu Beginn hinter dem Volksalter oder eventuell auf den Stufen des Hochaltars.

Die Jesus-Puppe befindet sich auf dem Altar oder beim Vorsteher/der Vorsteherin der Feier.

Eingangslied: Wir sagen euch an den lieben Advent (GL 115)

Begrüßung und Hinführung *(siehe dazu Seite 135)*

Eröffnungsgebet

Vorsteher/in: Guter Gott, lange haben die Menschen auf den Retter der Welt gewartet.
Heute, am Weihnachtsfest, feiern wir die Geburt unseres Retters. Er hat Licht und Freude in die Welt gebracht.
Hilf uns, dass auch wir von dieser Freude angesteckt werden und diese weihnachtliche Freude an andere weitergeben können.
Darum bitten wir durch Jesus Christus, unseren Herrn.

Alle: Amen

Evangelium nach Lukas (Lk 2,1–20)

Der/Die Lektor/in liest vom Ambo aus in Abschnitten das Weihnachtsevangelium nach Lukas.

Lektor/in: In jenen Tagen erließ Kaiser Augustus den Befehl, alle Bewohner des Reiches in Steuerlisten einzutragen.

Dies geschah zum ersten Mal; damals war Quirinius Statthalter von Syrien. Da ging jeder in seine Stadt, um sich

eintragen zu lassen. So zog auch Josef von der Stadt Nazareth in Galiläa hinauf nach Judäa in die Stadt Davids, die Betlehem heißt; denn er war aus dem Haus und Geschlecht Davids. Er wollte sich eintragen lassen mit Maria, seiner Verlobten, die ein Kind erwartete.

Instrumentales Orgelspiel

Josef und Maria gehen während des Orgelspiels durch die Kirche und kommen zur Krippe.

Lektor/in: Als sie dort waren, kam für Maria die Zeit ihrer Niederkunft, und sie gebar ihren Sohn, den Erstgeborenen. Sie wickelte ihn in Windeln und legte ihn in eine Krippe, weil in der Herberge kein Platz für sie war.

Lied: Zu Betlehem geboren (GL 140)

Während des Liedes ziehen der/die Vorsteher/in der Feier und die Ministranten in einer feierlichen Prozession mit Weihrauch zur Krippe. Der/Die Vorsteher/in legt die Jesus-Puppe in die Krippe und beräuchert sie mit Weihrauch. Dann ziehen die Ministranten und der/die Vorsteher/in wieder ab.

Lektor/in: In jener Gegend lagerten Hirten auf freiem Feld und hielten Nachtwache bei ihrer Herde.

Instrumentales Orgelspiel

Die Hirten treten auf – eventuell mit einer kleinen Schafherde – und setzen sich in einem größeren Abstand vor die Krippe.

Lektor/in: Da trat der Engel des Herrn zu ihnen und der Glanz des Herrn umstrahlte sie. Sie fürchteten sich sehr, der Engel aber sagte zu ihnen: „Fürchtet euch nicht, denn ich verkünde euch eine große Freude, die dem ganzen Volk zuteil werden soll: Heute ist euch in der Stadt Davids der Retter geboren; er ist der Messias, der Herr. Und das soll euch als Zeichen dienen: Ihr werdet ein Kind finden, das, in Windeln gewickelt, in einer Krippe liegt." Und plötzlich war bei dem Engel ein großes himmlisches Heer, das Gott lobte und sprach:

„Verherrlicht ist Gott in der Höhe und auf Erden ist Friede bei den Menschen seiner Gnade."

Die Verse 11 bis 14, „Heute ist euch in der Stadt Davids ...", können auch weggelassen werden. Stattdessen wird dann das folgende Lied gesungen:

Lied: Es kam ein Engel hell und klar (GL 138)

Engel kommen zu den Hirten und stellen sich im Halbkreis zwischen der Krippe und den Hirten auf. Bei der letzten Strophe des Liedes positionieren sich die Engel im Halbkreis hinter Josef, Maria und der Krippe.

Lektor/in: Als die Engel sie verlassen hatten und in den Himmel zurückgekehrt waren, sagten die Hirten zueinander: „Kommt, wir gehen nach Betlehem, um das Ereignis zu sehen, das uns der Herr verkünden ließ." So eilten sie hin und fanden Maria und Josef und das Kind, das in der Krippe lag.

Lied: Kommt herbei, singt dem Herrn (GL 270)

Die Hirten und andere Kinder machen sich auf den Weg durch die Kirche zum Stall.

Lektor/in: Als sie es sahen, erzählten sie, was ihnen über dieses Kind gesagt worden war. Und alle, die es hörten, staunten über die Worte der Hirten. Maria aber bewahrte alles, was geschehen war, in ihrem Herzen und dachte darüber nach. Die Hirten kehrten zurück, rühmten Gott und priesen ihn für das, was sie gehört und gesehen hatten; denn alles war so gewesen, wie es ihnen gesagt worden war.

Lied: O du fröhliche

Dankgebet

Vorsteher/in: Die Hirten kehrten zurück, so haben wir gerade gehört. Sie gingen zu den Menschen und erzählten ihnen von der frohen Botschaft, dass Gott seinen Sohn als kleines Kind im armen Stall in die Welt gesandt hat.

Und so dürfen auch wir heute zu Jesus kommen und ihm unseren Dank sagen.

Die Kinder kommen zur Krippe oder zum Ambo und sprechen:

1. Kind:	Guter Gott, wir danken dir, dass du deinen Sohn Jesus in unsere Welt gesandt hast.
Alle:	Guter Gott, wir danken dir.
2. Kind:	Guter Gott, wir danken dir, dass Jesus unser Bruder ist.
Alle:	Guter Gott, wir danken dir.
3. Kind:	Guter Gott, wir danken dir, dass mit Jesus Licht in unsere Welt kam.
Alle:	Guter Gott, wir danken dir.
4. Kind:	Guter Gott, wir danken dir, dass du uns im Kind im Stall neue Hoffnung schenkst.
Alle:	Guter Gott, wir danken dir.
5. Kind:	Guter Gott, wir danken dir, dass wir heute Weihnachten feiern dürfen.
Alle:	Guter Gott, wir danken dir.
Vorsteher/in:	Guter Gott, wir danken dir und wollen dir zum Lob und Dank singen:

Lied: Nun freut euch, ihr Christen (GL 143)

Vater unser

Vorsteher/in: Die Hirten haben sich auf den Weg gemacht, um Jesus zu begrüßen, um ihn anzubeten, den König, den Herrn. Wir wollen heute beten, wie ER uns zu beten gelehrt hat.

Alle: Vater unser im Himmel,
geheiligt werde Dein Name,
Dein Reich komme,
Dein Wille geschehe,
wie im Himmel, so auf Erden.
Unser tägliches Brot gib uns heute.
Und vergib uns unsere Schuld,
wie auch wir vergeben unseren Schuldigern.
Und führe uns nicht in Versuchung,
sondern erlöse uns von dem Bösen.
Denn Dein ist das Reich
und die Kraft und die Herrlichkeit
in Ewigkeit.
Amen.

Friedensgruß

Vorsteher/in: Die Engel haben auf dem Hirtenfeld den Hirten den Frieden verkündet.
Auch uns verkünden sie heute an diesem Weihnachtstag, dass der gute Gott uns den Frieden schenkt.
Geben auch wir uns ein Zeichen des Friedens.

Dankesworte

Entlassung und Segen

Vorsteher/in: Der gute Gott mache euer Leben hell.
Er schenke euch, liebe Kinder, euren Familien und allen Menschen auf der Welt Frieden und die weihnachtliche Freude. Er sei bei euch an diesem Heiligen Abend und an allen Tagen.
Dazu segne uns alle der Gütige Gott,
der uns im Kinde in der Krippe ganz nahe ist,
der Vater und der Sohn und der Heilige Geist.

Alle: Amen

Vorsteher/in: Geht und bringt den weihnachtlichen Frieden.

Alle: Dank sei Gott, dem Herrn.

Schlusslied: Stille Nacht

Gebete für eine weihnachtliche Kinderandacht

Martin Göth

Kyrie-Rufe

Kyrie-Ruf 1:

Vorsteher/in: Jesus, du bist als kleines Kind in diese Welt gekommen.
Herr, erbarme dich.

Alle: Herr, erbarme dich.

Vorsteher/in: Jesus, du hast Licht in unsere Welt gebracht.
Christus, erbarme dich.

Alle: Christus, erbarme dich.

Vorsteher/in: Jesus, du liebst jeden von uns so, wie er ist.
Herr, erbarme dich.

Alle: Herr, erbarme dich.

Kyrie-Ruf 2:

Vorsteher/in: Wir alle machen Fehler. Damit wir in rechter Weise jetzt beten und feiern, wollen wir zu Beginn unserer Andacht um Vergebung unserer Sünden bitten:
Jesus, du hast bei deinem Kommen in unsere Welt keine Herberge gefunden. Vielleicht klopfst du auch an unsere Tür.
Herr, erbarme dich.

Alle: Herr, erbarme dich.

Vorsteher/in: Jesus, du warst immer für die Menschen da. Oft sehen wir den Nächsten nicht.
Christus, erbarme dich.

Alle: Christus, erbarme dich.

Vorsteher/in: Jesus, du hast durch dein Kommen Licht in die Welt gebracht. Wir lieben oft die Finsternis mehr als das Licht.
Herr, erbarme dich.

Alle: Herr, erbarme dich.

Vorsteher/in: Der Herr erbarme sich unser, er nehme von uns Sünde und Schuld, damit wir mit reinem Herzen diese Feier begehen.

Kyrie-Ruf 3:

Vorsteher/in: Weihnachten feiern wir, dass Jesus als Licht in unsere Welt gekommen ist. Durch ihn ist es heller und schöner auf unserer Welt geworden. So wie er sollen auch wir Licht für die Welt sein. Auch wir sollen die Welt an dem Platz, an dem wir sind, hell und schön machen. Oft gelingt uns das nicht. Deshalb bitten wir:
Jesus, du bist unser Licht – wir brauchen dein Licht, um uns selbst und unsere Fehler besser sehen zu können.
Herr, erbarme dich.

Alle: Herr, erbarme dich.

Vorsteher/in: Jesus, du bist unser Licht – wir brauchen dein Licht, damit wir erkennen, wo wir anderen helfen können.
Christus, erbarme dich.

Alle: Christus, erbarme dich.

Vorsteher/in: Jesus, du bist unser Licht – wir brauchen dein Licht, um den Weg zu Gott zu finden.
Herr, erbarme dich.

Alle: Herr, erbarme dich.

Vorsteher/in: Der Herr nehme unsere Dunkelheiten von uns und führe uns zum weihnachtlichen Licht.
Darum bitten wir, durch Jesus Christus, unseren Herrn.

Alle: Amen

Eröffnungsgebete

Guter Gott,
wir freuen uns, dass wir heute wieder Weihnachten feiern können.
Wir freuen uns über das Weihnachtsfest mit den vielen Lichtern.
Wir bitten dich aber auch:
Hilf uns, dass wir unsere Freude nicht für uns behalten.
Hilf uns, dass wir sie weitergeben und auch anderen Freude machen.
Darum bitten wir dich, durch Jesus Christus, unseren Herrn.
Amen

Lieber Herr Jesus,
heute denken wir an deine Geburt in Betlehem.
Durch deine Geburt bist du für alle auf dieser Erde da.
Darüber freuen wir uns. Und Gott ist nicht mehr so weit weg.
Schenke an diesem Weihnachtstag allen Kindern
und ihren Familien diese Freude.
Darum bitten wir dich, durch Jesus Christus, unseren Herrn.
Amen

Guter Gott,
du hast uns eingeladen, die Geburt deines Sohnes zu feiern.
In der Geburt von Jesus zeigst du uns, dass du alle Menschen liebst.
Hilf uns, dass wir das Kind in der Krippe auch in unseren Familien
liebevoll aufnehmen, damit es bei uns hell und warm wird.
Darum bitten wir dich, durch Jesus Christus, unseren Herrn.
Amen

Fürbittgebete

Guter Gott,
du hast uns deinen Sohn geschenkt.
Er ist als kleines Kind in Betlehem zur Welt gekommen und unser Bruder geworden.
Durch ihn spüren wir deine Liebe und Güte.
Wir bitten dich:

Schenke uns ein hörendes Herz,
damit wir wahrnehmen, wenn du zu uns sprichst.

Schenke uns ein liebendes Herz,
damit wir die Nöte auf der Welt erkennen und sehen.

Schenke uns ein mutiges Herz,
damit wir helfen, wo man uns braucht.

Schenke uns ein weites Herz,
damit wir denen vergeben können, die uns Böses getan haben.

Schenke uns ein hoffendes Herz,
damit wir in ausweglosen Situationen nicht verzweifeln.

Guter Gott, lass uns deine Liebe heute am Weihnachtstag spüren
und gib uns Mut und Kraft, diese deine Liebe hier weiterzugeben.
Darum bitten wir dich, durch Jesus Christus, unseren Herrn.
Amen

Lass uns leuchten wie ein Licht

Bei diesem Fürbittgebet tragen die Kinder ihre Bitten vor und zünden dabei jeweils ein Teelicht an, das sie vor die Krippe stellen.

Vorsteher/in:	Guter Gott, heute feiern wir die Geburt deines Sohnes Jesus. Durch ihn hast du der Welt dein Licht gesandt, dass es hell werde, wo es dunkel ist. Wir bitten dich:
1. Kind:	Ich zünde mein Licht an für die Einsamen und Traurigen. Guter Gott, schenke ihnen etwas von deinem Licht.
2. Kind:	Ich zünde mein Licht an für die Kranken. Guter Gott, schenke ihnen was von deinem Licht.
3. Kind:	Ich zünde mein Licht an für die Menschen in Not. Guter Gott, schenke ihnen was von deinem Licht.
4. Kind:	Ich zünde mein Licht an für die Kriegsopfer. Guter Gott, schenke ihnen was von deinem Licht.
5. Kind:	Ich zünde mein Licht an für die Verstorbenen. Dein Licht der Freude. Guter Gott, schenke ihnen was von deinem Licht.
Vorsteher/in:	Guter Gott, lass es hell werden auf unserer Erde, damit alle sehen, dass du unser Licht bist. Darum bitten wir dich, durch Jesus Christus, unseren Herrn. Amen

Gebete vor dem Segen

Guter Gott,
wir haben das Geburtsfest deines Sohnes gefeiert.
Durch Jesus kam deine Liebe in unsere Welt.
Lass uns einander immer wieder davon erzählen
und gib, dass wir diese Freude des Weihnachtsfestes
auch zu Hause weiterleben.
Darum bitten wir dich, durch Jesus Christus, unseren Herrn.
Amen

Guter Gott,
Du hast Jesus als kleines Kind in diese Welt gesandt.
Er macht unser Leben hell. Er schenkt unseren Familien und allen Menschen auf der Welt Freude und Frieden.
Dafür danken wir dir, durch Jesus Christus, unseren Herrn.
Amen

Guter Gott,
das Weihnachtsfest macht uns froh. Dafür danken wir dir.
Hilf uns, bei all unseren Geschenken, die wir bekommen haben, nicht zu vergessen, dass du uns durch die Geburt Jesu das größte Geschenk gemacht hast.
Darum bitten wir dich, durch Jesus Christus, unseren Herrn.
Amen

Weihnachtliche Texte, Gedichte und Geschichten

Rolf Krenzer

Schlaf, schlaf, mein Krippenkind

Schlaf, schlaf, mein Krippenkind!
Bläst auch so kalt der Wind,
halt ich dich fest im Arm,
halt ich dich warm.

Schlaf, kleines Kind im Stroh,
du kommst und machst uns so froh!
Weil du uns Frieden gibst
und alle liebst.

Schaukel ich dich ganz sacht,
gib gut auf dich acht.
Du lädtst uns alle ein,
bei dir zu sein.

Kind hier auf meinem Schoß,
einmal macht Gott dich groß
und du besiegst den Tod
und alle Not.

Kerzen in der Weihnachtszeit

Kerzen in der Weihnachtszeit
tragen in die Welt das Licht,
und ein jeder weiß Bescheid:
Gott vergisst uns Menschen nicht.

Weihnachten

Ein Kind wurde geboren
im Stall in dunkler Nacht.
Es hat das helle Licht uns
in unsre Welt gebracht.

Ein Kind wurde geboren,
da strahlte hell ein Stern.
Und viele Leute kamen
und suchten nach dem Herrn.

Ein Kind wurde geboren,
den Namen wisst ihr schon.
Das Kind heißt Jesus Christus,
das Kind ist Gottes Sohn.

Kerzen am Weihnachtsbaum

Wir zünden jetzt die Kerzen an,
damit es jeder sehen kann:
Im Dunkeln, da brennt hell das Licht
und sagt uns: Gott vergisst uns nicht.

In dunkler, kalter Winternacht
wird dieses kleine Licht entfacht.
In unserem Dunkeln brennt ein Licht!
Seid froh, denn Gott vergisst uns nicht.

Alle gehn zum Stall

Alle wolln zum Stall hingehn.
Alle wolln das Christkind sehn.
Und wir gehen, wie wir sind,
und wir finden dort das Kind.

Alle wissen es schon:
Gott schenkt uns seinen Sohn!
Drum wolln wir zum Stall hingehn,
drum will jeder Jesus sehn.

Alle wolln zum Stall hingehn.
Alle wollen Jesus sehn.
Auf dem Stroh, arm und klein,
kommt herbei und tretet ein.

Alle wissen es schon:
Jesus ist Gottes Sohn.
Drum wolln wir zum Stall hingehn,
drum will jeder Jesus sehn.

Die Tiere an der Krippe

Wie war das mit dem Esel,
als es im Stall geschah?
Nach langem Weg in dunkler Nacht
ward hier das Kind zur Welt gebracht.
Maria wiegt es auf dem Arm.
Im Stall, da wird es hell und warm.
So war das mit dem Esel.
Er sagte leis: „I-ah!"
als es im Stall geschah!

Wie war das mit dem Ochsen?
Er stand und schaute zu.
Maria legt das Kind so klein
ins warme Stroh der Krippe rein.
Sie schaut es an und lächelt froh,
denn Gottes Sohn schläft hier im Stroh.
So war das mit dem Ochsen.
Er stand und schaute zu.
Er sagte leise: „Muh!"

Wie war das mit den Schafen?
Sie waren in der Näh'.
Die Hirten ließen alles stehn
und wollten Jesus Christus sehn.
Sie kamen in den Stall hinein
und wollten bei dem König sein.
So war das mit den Schafen.
Sie waren in der Näh
und sagten leise: „Mäh!"

Was sagte da Maria,
als sie die Tiere sah?
Sie sagte: „Gottes Sohn ist hier
für Gottes Schöpfung, Mensch und Tier."
Da musst' kein Tier zum Stall hinaus

und nicht einmal die kleinste Maus.
Maria aber sagte,
als sie die Tiere sah,
sie sagte froh: „Bleibt da!“

Die Weihnachtsbotschaft

Hört, es wurde ein Kind geboren
in dem Stall in dunkler Nacht,
und es hat das helle Licht
uns in die dunkle Welt gebracht.

Seht, es wurde ein Kind geboren,
und am Himmel strahlt ein Stern.
Und es kamen viele Leute,
und sie fragten nach dem Herrn.

Ja, es wurde ein Kind geboren.
Seinen Namen wisst ihr schon.
Dieses Kind heißt Jesus Christus.
Dieses Kind ist Gottes Sohn!

Sagt es weiter allen Leuten:
Dieses Kind heißt Jesus Christ.
Wir wolln wieder Weihnacht feiern,
weil dann sein Geburtstag ist.

Ein Licht geht aus von Betlehem

Ein Kind nach dem anderen kommt mit einer Kerze auf die Bühne bzw. in den Altarraum und zündet seine Kerze an, bevor es seinen Vers spricht.

1. Kind:	Das Wunder ist im Stall geschehn! Wir haben Gottes Sohn gesehn!
2. Kind:	In einer Krippe liegt das Kind, im Stall, wo Ochs und Esel sind.
3. Kind:	Wir haben Gottes Sohn begrüßt, der unser aller Bruder ist.
4. Kind:	Die ganze Welt verwundert sich: Ein Mensch, so arm wie du und ich.
5. Kind:	Es bringt das Kind, so arm und klein, Licht in die dunkle Welt hinein.
6. Kind:	Gott selbst hat es zu uns gebracht. Drum ziehen wir jetzt durch die Nacht,
7. Kind:	denn jeder soll es hörn und sehn, was in der Nacht im Stall geschehn.
8. Kind:	Der große Gott im Stall so klein. Kein Wunder kann noch größer sein!
9. Kind:	Kommt schnell und bleibt nicht länger stehn! Wir wollen zu der Krippe gehn.
10. Kind:	Das Kind im Stall, das hat uns all so froh gemacht.
11. Kind:	Drum singen wir, drum bringen wir das Licht in diese Nacht.
12. Kind	Seht, die Kerzen leuchten weit. So beginnt die Weihnachtszeit!

Die Engel wecken die Hirten

Die Hirten liegen auf der Bühne bzw. im Altarraum auf dem Boden und schlafen. Die Engel erscheinen, und ein Hirte weckt den anderen. Zunächst rücken sie ängstlich zusammen, als sie die Engel erblicken. Als ihnen diese aber die Geburt Christi verkünden, laufen sie schnell zur Krippe.

1. Hirte: Hans, wach auf, was kann das sein?
Um uns ist ein heller Schein!
Schau dir doch den Himmel an!
Sag, was das bedeuten kann.

2. Hirte: Klaus, wach auf, was kann das sein?
Um uns ist ein heller Schein!
Und dort seh ich Leute stehn,
die ich vorher nie gesehn!

3. Hirte: Lars, wach auf, was mag das sein!
Um uns ist ein heller Schein!
Schau, jetzt kommen sie im Nu
immer näher auf uns zu!

4. Hirte: Hirten, auf, erhebt euch schnell!
Rundherum ist alles hell.
Um uns ist ein heller Schein.
Schaut, es müssen Engel sein!

Engel: Überm Stall der helle Stern
zeigt euch die Geburt des Herrn.
Gottes Kind liegt dort im Stall.
Deshalb freuen wir uns all.

Dieses Kind bringt ganz allein
Frieden in die Welt hinein.
Lauft, so schnell man laufen kann,
lauft und schaut das Kind euch an!

Hirten: Hirten, auf, erhebt euch schnell!
Überm Stall der Stern strahlt hell.
Kommt, das Wunder anzusehn,
das in dieser Nacht geschehn!

Die Legende vom allerkleinsten Engel

Als die Engel und Heiligen im Himmel immer trauriger wurden, weil die Menschen immer noch nicht begriffen, warum Gott seinen eigenen Sohn zu ihnen geschickt hatte, ja, sogar noch unmenschlicher miteinander umgingen als damals vor mehr als 2 000 Jahren, da hielt es der allerkleinste Engel im Himmel vor Traurigkeit nicht mehr aus und machte sich selbst auf den Weg zu den Menschen.
Und als der allerkleinste Engel zurück in den Himmel kam, tröstete er alle ein bisschen und sagte: „Alles ist so, wie ihr sagt! Und es ist doch nicht so! Da gibt es unter den Menschen Kinder. Und stellt euch vor: Sie spielen und singen von Christi Geburt, und ihre Augen leuchten, und sie warten und freuen sich auf Weihnachten. Und ich fand Gott in den Augen der Kinder."
Da strichen die Engel und Heiligen im Himmel dem allerkleinsten Engel ganz zärtlich über sein Haar und konnten wieder ein bisschen lächeln.

Die Geschichte vom Weihnachtslicht

Als die Engel den Hirten verkündet hatten, dass im Stall von Betlehem der König der Welt geboren worden war, da suchte jeder nach einem passenden Geschenk, das er dem Kind in der Krippe mitbringen wollte. Die Hirten liefen also auseinander, vereinbarten aber, dass sie sich nach kurzer Zeit wieder treffen wollten, um gemeinsam zum Stall zu gehen, das Kind anzubeten und ihre Geschenke zu überbringen.
„Ich bringe ein Schäfchen mit!", meinte der eine. „Ich eine Kanne voll frischer Milch!", sagte ein anderer. „Und ich eine warme Decke!", rief ein Dritter.
Unter den Hirten war aber auch ein Hirtenknabe. Der war bettelarm und hatte nichts, was er dem Kind schenken konnte. Traurig lief er zum Schafstall und suchte in dem winzigen Eckchen, das ihm gehörte, nach etwas, was er vielleicht dem Kind mitbringen könnte. Aber da war nichts, was auch nur den Anschein eines Geschenkes hatte. In seiner Not zündete der Hirtenknabe eine kleine Kerze an und suchte in jeder Ritze und in jeder Ecke. Doch alles Suchen war umsonst.
Da setzte er sich mitten auf den Fußboden und war so traurig, dass ihm die Tränen an den Backen herunterliefen. Deshalb bemerkte er auch nicht, dass ein anderer Hirte in den Stall gekommen war und vor ihm stehen blieb. Er erschrak richtig, als ihn der Hirte ansprach:
„Da bringen wir dem König der Welt alle möglichen Geschenke. Ich glaube aber, dass du das allerschönste Geschenk hast!" Erstaunt blickte ihn der Hirtenknabe mit verweinten Augen an. „Ich habe doch gar nichts!", sagte er leise. Da lachte der Hirte und meinte: „Schaut euch diesen Knirps an! Da hält er in seiner Hand eine leuchtende Kerze und meint, er habe gar nichts!". „Soll

ich dem Kind vielleicht die kleine Kerze schenken?", fragte der Hirtenknabe aufgeregt. „Ja!", antwortete der Hirte. „Sie ist hell und macht warm!"
Da stand der Hirtenknabe auf, legte seine Hand schützend um die kleine Flamme und machte sich mit dem Hirten auf den Weg. Als die Hirten mit ihren Geschenken den Stall erreichten, war es dort kalt und dunkel.
Als aber der Hirtenknabe mit seiner kleinen Kerze den Stall betrat, da breitete sich ein Leuchten und eine Wärme aus, und alle konnten Maria und Josef und das Kind in der Krippe sehen. So knieten die Hirten vor der Krippe und beteten den Herrn der Welt an, das kleine Kind mit Namen Jesus. Danach übergaben sie ihre Geschenke. Der Hirtenknabe aber stellte seine Kerze ganz nah an die Krippe und er konnte deutlich das Leuchten in den Augen von Maria und Josef sehen.
„Das kleine Licht ist das allerschönste Geschenk!", sagten die Hirten leise. Und alle freuten sich an dem schönen Weihnachtslicht, das sogar den armseligen Stall warm und gemütlich machte. Der Hirtenknabe aber spürte, wie sich in ihm selbst jetzt eine Wärme ausbreitete, die ihn immer glücklicher machte. Und wieder musste er weinen.
Aber jetzt weinte er, weil er sich so glücklich fühlte.
Bis zum heutigen Tag zünden die Menschen vor Weihnachten Kerzen an, weil sie alle auf die Geburt Christi warten und ihnen das kleine Licht immer wieder Freude und Geborgenheit schenkt.

Krippenspiel mit Frau Kersting

Frau Kersting übt mit den Kindern ihrer Gruppe ein Krippenspiel ein. Es soll den Eltern in der Weihnachtsfeier vorgespielt werden. Heiko spielt den Josef und Liselotte die Maria. Peter, Anne und Frieder sollen die Wirte in den verschiedenen Gasthäusern spielen. Peters Wirtshaus ist hinter der Tür des Gruppenraums.
Josef kommt mit Maria dorthin und klopft an die Tür. „Habt ihr ein Zimmer für uns?", fragt er.
Peter öffnet die Tür und schreit: „Nein, bei mir ist kein Zimmer frei!" Dann schlägt er den beiden die Tür vor der Nase zu.
Liselotte hat als Gasthaus einen Tisch in eine Zimmerecke gestellt. Sie sitzt auf einem Stuhl hinter dem Tisch. Josef legt den Arm um Maria und führt sie zu Liselottes Gasthaus. Er klopft mit der Faust auf den Tisch. „Habt ihr vielleicht ein Zimmer für uns?", fragt er auch hier. „Tut mir leid!", sagt Liselotte. „Sucht euch ein anderes Wirtshaus!"
Schließlich gehen Maria und Josef weiter zu Frieders Wirtshaus. Es ist gleich neben dem Schrank. „Habt ihr ein Zimmer für uns?", fragt Josef wieder...

Jetzt unterbricht Frau Kersting das Spiel. Sie fragt: „Wie wäre das eigentlich heute? Wie wäre es, wenn Maria und Josef zu euch kämen und fragten: ‚Habt ihr ein Zimmer für uns?‘ Würdet ihr sie bei euch aufnehmen?“ „Ganz bestimmt!“, sagt Silke. „Dann würde doch bei uns das Jesuskind geboren. Es bräuchte nicht im Stall in der Krippe zu liegen!“, meint Jörg. „Sie könnten sogar bei mir im Kinderzimmer schlafen. Wir würden noch eine Liege hineinstellen, und ich würde zu meinen Eltern in das Schlafzimmer ziehen!“, fügt Kristina hinzu.
„Es hat aber doch niemand gewusst, dass Maria Jesus erwartet!“, sagt Frau Kersting. „Ob ihr wirklich bereit wärt, irgendeinen Fremden bei euch aufzunehmen?“
Nach einigem Überlegen meint Sven: „Da würde meine Eltern bestimmt nicht mitmachen!“, „Unsere Wohnung ist viel zu klein!“, sagt Sybille. „Fremde Leute sollen in einem Gasthaus wohnen!“, stellt Lotte sachlich fest.
„Und wenn im Gasthaus kein Zimmer frei ist?“, fragt Frau Kersting.
„Man kann doch nicht einfach zu irgendwelchen Leuten gehen und nach einem Zimmer fragen!“, meint Sven, der lange nachgedacht hat. Heiko war bisher ganz still. Er hat aber genau zugehört. Jetzt sagt er: „Ich glaube, es wäre heute so wie damals. Wir alle würden Maria und Josef nicht bei uns aufnehmen!“
Alle sind auf einmal ganz still geworden.
„Wir wollen unser Krippenspiel weiterspielen!“, sagt Frau Kersting schließlich. „Wo wollen wir den Stall aufbauen?“

Eine andere Weihnachtsgeschichte

Vor langer Zeit kamen ein Mann und eine Frau in eine kleine Stadt. Sie waren schon weit gelaufen und suchten nach einem Zimmer für die Nacht. Der Mann hieß Josef und die Frau Maria.
Sie gingen von einem Wirtshaus zum anderen, doch nirgends war ein Zimmer frei. Da fanden sie schließlich einen alten, leeren Stall. Dort blieben sie. In der Nacht bekam die Frau ein Kind. Gott schenkte es ihr, und es war Gottes Sohn. Die Frau nannte das Kind Jesus.
In dem Stall gab es kein Kinderbettchen. Nur eine Futterkrippe für die Kühe und Ochsen. So legte die Frau das Kind in die Futterkrippe.
Der Mann und die Frau waren arm. Sie hatten kein Zimmer, nur den Stall. Sie hatten kein Bettchen für das Kind, nur die Futterkrippe. Und trotzdem freuten sich die beiden, Maria und Josef, über ihr Kind. Sie dankten Gott, dass er es ihnen geschenkt hatte.

In dieser Nacht waren Männer mit ihren Schafen auf der Weide. Es waren arme Hirten. Zu diesen Männern schickte Gott seine Engel. Die Engel weckten die Hirten und riefen: „Gott hat seinen Sohn zur Welt geschickt. Ihr findet das Kind in einem Stall. Es liegt in einer Futterkrippe!“
Zuerst waren die Hirten sehr erschrocken. Dann aber liefen sie so schnell sie konnten zu dem Stall. Und wirklich, sie fanden das Kind in der Futterkrippe. Es war genau so, wie es die Engel gesagt hatten. Wie freuten sich da die Hirten!
Über dem Stall stand hell und leuchtend der Weihnachtsstern. Drei reiche und kluge Männer aus einem fernen Land kamen auch zu dem Stall. Sie hatten den Stern am Himmel gesehen und zogen hinter ihm her, bis sie zu dem Kind in der Krippe kamen. Sie brachten kostbare Geschenke mit und knieten vor der Krippe nieder. „Du bist der König des Himmels und der Erde!“, riefen sie und dankten Gott.
Jedes Jahr erinnern wir uns an das Kind in der Futterkrippe, das Gott in die Welt geschickt hat. Es will die Menschen froh und glücklich machen. Deshalb feiern wir jedes Jahr Weihnachten.
Weihnachten erzählen wir davon, wie lieb Gott uns Menschen hat. Weil er uns so lieb hat, hat er uns das Kind in der Futterkrippe geschenkt. Deshalb schenken wir Weihnachten auch allen etwas, die wir sehr lieb haben.

Verzeichnis der Lieder und Instrumentalstücke

Alphabetisches Verzeichnis

Zur beiliegenden CD

Inhalt

1.	In einem armen Stall	2.46
2.	Hört zu, was geschah	1.52
3.	Seht doch nur die Hirten	2.20
4.	Ist ein Kind geboren	3.04
5.	Das hat Gott für uns getan	4.01
6.	Die Herbergssuche einst und heute	2.46
7.	Jesus ist geboren (Litanei)	1.11
8.	Jesus ist geboren (Kanon)	1.01
9.	Wann fängt Weihnachten an?	2.06
10.	Kommen zwei Leute am Abend noch spät	2.43
11.	Lied der Engel: Gottes Sohn ist da	2.12
12.	Singt ein Weihnachtslied mit mir	2.44
13.	Sternenlichtertanz – Instrumental	1.56
14.	Der helle Stern	2.18
15.	Mit Sternen ist die Stadt geschmückt	3.11
16.	Heller Stern am Himmel	2.52
17.	Hast du's schon gesehn	2.11
18.	Weitergehen	2.10
19.	Instrumentale Hirtenweise	1.13
20.	Ehre sei Gott	1.50
21.	Komm doch mit und lass uns gehn	2.44
22.	Was macht die Maus im Krippenstroh	2.27
23.	Kleiner Esel	2.17
24.	Bitterkalt ist es im Wald	2.01
25.	Zieht mit uns zum Kind im Stall	2.16
26.	Das Weihnachtshalleluja	2.22
27.	Die Tiere an der Krippe	3.09
Gesamtspielzeit:		**64.37**

Mitwirkende Band: Martin Göth (Gesang, Keybord), Maximilian Maier (Schlagzeug, Gitarren, Bass, Orff), Jochen Rössler; Martin Plöchinger (Bass), Annette Bauer (Flöten, Saxophon), Ursula Thumann, Evi Resch, Bernarda Premke (Gesang), Thomas Bauer (Keybord)

Chorsänger/innen: Schülerinnen des Auersperg-Gymnasiums Passau (Leitung: Martin Göth), Schulchor der Grundschule Innstadt (Leitung: Ingrid Lampelsdorfer, Isolde Voggenreiter), Schulchor der Grundschule Neustift (Leitung: Ursula Krampfl), Integrative Musikgruppe Benjamin (Leitung: Michaela Friedl), Kinderchor der Kreismusikschule Passau (Leitung: Stefan Pontz), Kinderchor Donauspatzen aus Obernzell (Leitung: Lisa Riedlaicher und Steffi Prechtl)

Arrangement: Martin Göth, Maximilian Maier
Tontechnik: Maximilian Maier, audiomax-tonstudio, Ruderting
Gesamtleitung: Martin Göth